AF312147

DE LA
FABRICATION DU PAPIER,

DE

SES PROGRÈS ET DE SES ABUS,

PAR

A. LACROIX.

Les excès en toutes choses sont nuisibles
aux hommes en particulier et à la société
en général.

15 Juin 1848.

PARIS

IMPRIMERIE CENTRALE DE NAPOLÉON CHAIX ET Cⁱᵉ,

Rue Bergère, 8, près le boulevart Montmartre.

1848.

On me dira peut-être : il est certaines vérités qui ne sont pas toujours bonnes à dire. C'est possible : aussi n'est-ce pas sans beaucoup d'hésitation que je me suis décidé à décrire celles sur lesquelles j'appelle l'attention de mes honorables confrères. Dans tout autre temps je ne m'y fusse point déterminé ; mais quand le voile qui couvrait toutes nos souffrances vient d'être déchiré par une révolution, que me reste-t-il à craindre de l'opinion qu'on peut s'en faire ?

J'ai craint, cependant, en publiant ce faible écrit, qu'on ne pensât que mon intention fût de soutenir toutes ces odieuses calomnies qu'on dirige en ce moment contre les industriels. Je crois n'avoir aucun besoin de me justifier à cet égard ; car personne plus que moi ne désire maintenir et défendre notre ordre social actuel, comme personne ne peut désirer davantage toutes les améliorations qui peuvent y être applicables.

Pénétré des souffrances que nous endurons depuis quelques années, j'ai tenu aussi à démontrer combien est fausse cette idée, qu'on se fait assez généralement dans le monde, des bénéfices de notre commerce et de notre industrie, et surtout de ces avantages imaginaires que certaines gens considèrent comme une spoliation faite aux travailleurs.

Une autre pensée, je l'avoue, a été également

le sujet de mes préoccupations : c'est celle d'expliquer une époque que l'on considère assez généralement comme ne nous ayant offert aucun élément de prospérité, quand c'est nous qui n'avons pas su en profiter.

Qu'on me pardonne donc ma franchise, qu'on ne me soupçonne pas surtout de l'intention de porter ici aucune accusation malveillante ; car toutes mes pensées n'ont d'autre but que d'attirer sur mes chers confrères, autant que faire se peut, tout le bien que je puis leur souhaiter, en attendant que la Providence nous accorde à tous des jours plus heureux.

FABRICATION DU PAPIER,

SES PROGRÈS ET DE SES ABUS.

Lorsque la révolution de 1789 éclata, la fabrication du papier était, en France, à peu près dans son état primitif. Aucun progrès ne paraissait, pour ainsi dire, avoir été obtenu depuis sa création. Ce n'était donc encore qu'une industrie de fort peu d'importance. Quelle pouvait être, en effet, la consommation du papier dans ces temps où si peu d'intelligences étaient à même d'en faire un fréquent usage? Le peu qui se fabriquait alors était si imparfait, que le commerce, pour satisfaire aux consommations de luxe et d'urgence, était dans l'obligation d'en tirer les meilleures qualités de la Hollande et de l'Angleterre.

Ce ne fut que lorsque nos dissensions intérieures, qui eurent lieu pour la défense de nos libertés, eurent complétement cessé, que le peu de fabriques qui existaient auparavant, commencèrent à prendre quelque essor.

Bientôt s'élevèrent successivement quelques établissements nouveaux, dont les plus remarquables furent ceux d'Annonay; vinrent ensuite les contrées d'Angoulême et des Vosges, dont la réputation ne fut pas sans être digne de quelque remarque.

Nous ne devons donc considérer que la fabrication du papier ne devint positivement en France une industrie de quelque importance que dans le commencement du siècle où nous vivons.

Si, sous l'Empire, la fabrication du papier eut encore à souffrir des guerres successives qui accablèrent la France, cette industrie n'en fut pas moins prospère et progressive; car, dès cette époque, de notables améliorations furent obtenues dans la qualité du papier, et déjà la France put commencer à se passer d'une partie des articles qu'elle tirait ordinairement de l'étranger. Mais ce fut plus particulièrement sous la Restauration que les plus grandes améliorations furent obtenues par nos pères. Dérogeant alors à de vieilles pratiques, ils substituèrent les cylindres aux mailloches, et cette substitution fut pour eux un pas immense dans le progrès. Vint ensuite le blanchiment des pâtes, procédé chimique que M. Darcet trouva le moyen d'appliquer à cette industrie, et qui y produisit, après quelques années d'expérience, d'immenses résultats.

Jusqu'en 1825 la fabrication du papier fut constamment progressive, et ne cessa d'être prospère en même temps.

Aussi, qui de nous se reportant à ces diverses époques de prospérité, ne les a considérées quelquefois

comme l'âge d'or de notre commerce et de notre industrie?

Cependant nos pères avaient-ils, comme nous, cet
accroissement prodigieux du travail par les machines?
Avaient-ils, comme nous, ces produits à si bas prix,
qui ont tant contribué à étendre nos relations?

Possédaient-ils, comme nous, la liberté de la presse,
et ce développement si étendu aujourd'hui dans l'instruction?

Jouissaient-ils, comme nous, de ces mille inventions
nouvelles qui ont tant agrandi la consommation, mul-
tiplié les ateliers, décuplé le nombre des travailleurs?

Possédaient-ils, comme nous, ces importantes dé-
couvertes qui ont tant enrichi le pays, telles que la
vapeur, le gaz, la lithographie, et, enfin, les chemins
de fer, qui sont appelés à stimuler si puissamment l'activité de nos transactions?

Possédaient-ils, comme nous, ces exportations importantes? Jouissaient-ils, comme nous, de ce développement de toutes les intelligences qui a élevé la France
au premier rang des nations?

Et c'est au milieu d'une paix complète et constante,
c'est au milieu de ces éléments de richesse, que nous
avons pu donner tant de fois des regrets superflus à
ces temps passés! Honneur donc à nos pères, qui, sous
le régime de l'esclavage, savaient encore prospérer!
Honte à nous, qui, avec la liberté, les lumières et une
activité tout héroïque, avec des millions de produits,
des millions d'affaires, n'avons su qu'édifier de grands

etablissements , pour les laisser dépérir ensuite **entre** nos mains !

Ne savons-nous donc travailler que pour souffrir? N'avons-nous su recueillir nos héritages que pour les voir s'engloutir dans le gouffre des abus et des révolutions ?

Mais croyez-vous que nos pères n'étaient pas plus circonspects que nous l'avons été? Croyez-vous qu'ils n'étaient pas plus prudents que nous ne venons de l'être?

Ils n'étaient certainement, ni si égoïstes, ni si ambitieux ; car si leurs progrès furent lents , ils surent **au** moins les rendre profitables pour eux comme pour le pays. Si leurs fortunes étaient, en apparence, moins rapides , elles n'en étaient que plus réelles et plus sûres. Ni le goût du luxe, ni ce désir ardent de jouir prématurément du fruit de leur travail, n'étaient pour eux ce désir dominant, ce stimulant qui, trop souvent, nous fait dévier de la route que nous nous sommes tracée. Ni l'envie, ni ce faux amour-propre, qui nous dominent aujourd'hui, ne rongeaient leur cœur. Aussi les fabricants capables et intelligents étaient-ils sûrs d'arriver à leur but, et trouvaient-ils encore, dans leur carrière industrielle, quelque joie et quelque bonheur; et non comme nous, qui, trop souvent, n'y trouvons que découragement, qu'amertume et douleur, comme j'essaierai de le prouver un peu plus loin, ce dont chacun de nous peut se convaincre facilement, s'il veut rentrer en lui-même.

Ainsi , sous la République et le Consulat , à travers les guerres civiles qui désolèrent la France; sous l'Empire, au milieu de ces grandes préoccupations de gloire, et où si souvent notre commerce eut à souffrir par les interruptions de nos rapports à l'extérieur;

Sous la Restauration, ce gouvernement qui assura la paix en Europe, mais qui donna si peu d'encouragement aux arts et à l'industrie, la papeterie fut encore constamment prospère ; cela est incontestable.

Ce fut en 1825 que s'arrêta cet état d'ascension pour la fabrication du papier à l'ancien système; le nombre des établissements était alors si considérable, que nous pûmes compter environ 800 cuves en France, produisant chacune, en moyenne, 7 rames de papier, soit environ 5,600 rames par jour, résultat qui était considéré comme fort-beau et fort élevé. La rame de coquille supérieure d'Annonay se vendait encore à cette époque, au dépôt de Paris, de 30 à 32 francs ; celle d'Angoulême, de 22 à 24 francs. Le raisin à registre se vendait de 40 à 45 francs, et le raisin à dessin, de 90 à 100 francs. Le moindre papier écolier se vendait de 7 à 10 fr. la rame (1).

Quelques papiers de Hollande et d'Angleterre étaient même encore en usage en France, et leur prix, chez le marchand en gros, n'était pas moins de 80 francs la rame de coquille, et de 200 francs environ celle de raisin pour dessin.

Le fabricant qui possédait trois ou quatre cuves était un fabricant important; très peu de maisons en possé-

(1) La même qualité en coquille d'Angoulême ou d'Annonay se vend aujourd'hui 13 à 14 fr.; le raisin à registre 28 à 30 fr.; le raisin à dessin de 35 à 40 fr. et le papier écolier de 3 à 6 fr.

daient davantage, quelques-unes seulement en avaient jusqu'à dix à douze. Le plus grand nombre n'en exploitaient que deux ou trois. C'était donc le plus souvent avec un produit de 25 à 30 rames de papier par jour que nos pères amassaient quelque fortune et savaient se trouver heureux et satisfaits.

En comparant les prix que je viens de citer à ceux de nos produits actuels, ne devons-nous pas être étonnés nous-mêmes de nos immenses progrès dans ces dernières années, et en comparant cette faible quantité de produits à celle que nous obtenons aujourd'hui par le système mécanique, ne devons-nous pas avoir honte de nos difficultés à prospérer et de notre impuissance à maintenir, pour ainsi dire , nos fortunes? Mais n'en accusons pas notre époque, et convenons que les abus dans lesquels nous sommes tous tombés sont la seule cause de toutes ces turpitudes sous le poids desquelles nous gémissons depuis quelques années, abus surtout qui sont le résultat de notre égoïsme, de notre ambition, de nos excès dans la libre concurrence, de notre imprudence dans nos crédits irréfléchis et, pour ainsi dire, illimités.

L'impulsion donnée aux affaires de la papeterie de 1820 à 1824, eut principalement sa cause dans les demandes considérables qui arrivèrent alors de l'étranger. Les fabricants, pressés de toutes parts par les acheteurs, ne purent y suffire, et déjà tous s'empressèrent de faire leurs efforts pour agrandir leurs établissements et accroître leur production.

Cette activité nouvelle et inattendue fut peut-être un

malheur pour la papeterie ; car si elle donna quelques années d'une grande prospérité, comme il arrive toujours quand un progrès s'opère par des transitions trop subites, ou quand l'excès de production est poussé outre mesure, la réaction ne tarda pas à avoir lieu, et le bon temps ne fut pas de longue durée. En effet, aussitôt que les fabricants furent à même de produire davantage, les demandes de l'étranger cessèrent tout-à-coup, et la consommation intérieure ne put de longtemps suffire à cet accroissement trop rapide de la production. Ainsi, tant que le progrès fut lent et en harmonie avec les besoins de la consommation, la papeterie fut progressive et prospéra ; mais aussitôt qu'elle entra dans cette voie d'ambition et d'agrandissement immodérés, toute prospérité cessa pour elle.

La réaction qui commença en 1825 amena naturellement une baisse dans le prix des papiers ; cette baisse n'a, pour ainsi dire, pas cessé depuis. A cette époque, la papeterie à l'ancien système avait donc déjà atteint son plus haut degré d'ascension ; elle n'aurait pu s'élever davantage qu'avec la continuation des débouchés de ses produits à l'extérieur et une augmentation de consommation à l'intérieur ; mais le gouvernement de Charles X, au lieu de favoriser le commerce et l'industrie, les laissa, au contraire, dans l'inaction la plus complète. La papeterie resta donc stationnaire pendant les années de 1825 à 1830.

Un grand malaise pour cette industrie devait inévitablement en être le résultat ; il en fut de même pour toutes les autres comme aussi pour tout le pays, et nous savons tous quelles en ont été les conséquences.

Néanmoins, nous devons en convenir, sous le poids de cette réaction qui dura jusqu'à l'établissement des machines, la papeterie ne fut pas pour cela complétement infructueuse jusqu'en 1830, et on vit encore un assez grand nombre de fabricants élever leur fortune.

Tant que le système de fabrication à bras put se maintenir, les diverses catégories de papiers restèrent classées par contrées. Annonay, qui possédait les fabriques les plus anciennes et les plus considérables en même temps, s'occupait plus spécialement des papiers à dessin, à registres, de couleurs, et, en général, de tous les papiers de luxe.

Jusqu'à l'établissement des machines en France, cette contrée jouissait de toutes les faveurs d'une grande réputation justement méritée.

Les maisons Montgolfier, Johannot et Canson, dont les noms étaient bien connus, en eurent constamment les honneurs : aussi, ces maisons surent-elles acquérir de grandes fortunes. MM. Blanchet frères, de Rives, ne tardèrent pas à les suivre, et leur grande réputation pour les papiers à registres et à dessin leur permit d'acquérir également une fortune importante.

La contrée des Vosges était celle qui possédait le plus grand nombre de papeteries : ses papiers d'impression, surtout, jouissaient d'une grande faveur; les maisons Desgranges, Krantz frères, et plusieurs autres, possédaient des établissements qui n'ont cessé d'occuper le premier rang. En général, cette contrée se maintint constamment dans un état prospère.

Angoulême avait acquis depuis de longues années une certaine renommée; les progrès des fabricants ne cessèrent de s'accroître, et le nombre des cuves y fut considérablement augmenté. Les maisons Lacroix jeune, Laroche puîné, Lacourade, les frères Gaudin, acquirent tous une assez grande réputation, plus spécialement dans la fabrication du papier à lettres vergé, fort estimé à cette époque.

Quelques autres contrées, qui avaient également leur genre particulier de fabrication, possédaient aussi un assez grand nombre de fabriques, telles que l'Auvergne, la Normandie, le Limousin, etc.

Les environs de Paris n'avaient encore que fort peu d'établissements; celui de Courtalin, appartenant à M. Odent, était un des plus anciens et des plus considérables; vinrent ensuite les papeteries du Marais, qui furent les premières érigées en commandite.

Ainsi, jusqu'à cette époque, tous les fabricants de papiers intelligents et habiles étaient donc certains de réussir, et on n'en vit qu'un très-petit nombre faire de mauvaises affaires.

CHAPITRE II.

———

Nous arrivons en 1830, cette époque d'une ère toute nouvelle pour la papeterie.

En effet, quelles institutions pouvaient être plus favorables et plus avantageuses à la papeterie que les institutions constitutionnelles que nous avons conquises par la révolution de Juillet?

La liberté de la presse ne devait-elle pas amener une grande consommation de papier? Le développement de l'instruction ne devait-il pas donner à l'imprimerie et à la librairie une vie toute nouvelle et une activité considérable. L'accroissement de toutes les affaires, en général, ne devait-il pas être un coup de fortune pour les fabricants de papiers? Il n'est personne qui l'ait un instant mis en doute. La révolution de Juillet n'assura-t-elle donc pas à cette industrie tous ces moyens d'impulsion dans lesquels elle nous avait donné lieu d'espérer? Nous allons en juger par l'importance que la consommation du papier acquit en quelques années ; mais, comme il arrive toujours dans les révolutions, nous eûmes d'abord quelques mauvais jours à passer, et ce ne fut que lorsque la France eut acquis le degré de stabilité parfaite qui dura jusqu'au mois de février dernier, que nous pûmes entrer dans une voie de progrès qui fut telle, alors, que nous tombâmes dans des excès dont nous eûmes à supporter plus tard les funestes conséquences ; car, dans le bien comme dans le mal, les excès en toutes choses sont nuisibles aux hommes en particulier, comme à la société en général.

La papeterie se soutint néanmoins à travers les agitations de toutes sortes dont nous eûmes si cruellement à souffrir de 1830 à la fin de 1832. Nous vîmes bien quelques établissements fléchir sous le poids de ces misères publiques, mais fort peu succombèrent complétement.

Les années qui se succédèrent jusqu'en 1835 furent des plus florissantes pour la papeterie. A cette époque, le système de fabrication à la mécanique commençait à jouir du plus grand succès. Un combat terrible, qui fournit à M. Émile Souvestre le sujet d'un roman intitulé : *l'Homme et l'argent*, était déjà livré dans cette industrie à l'ancien procédé de fabrication. Ce système, nous devons en convenir, cessait d'être en rapport avec les besoins présents et futurs de notre nouvelle organisation commerciale, et avec la consommation elle-même. La fabrication à la mécanique, qui, déjà en Angleterre, avait donné les plus beaux résultats, devait donc, nécessairement, être adoptée en

France. D'abord, deux grands obstacles semblèrent s'y
opposer : le premier, c'est que la plupart des fabricants
de papier ne croyaient posséder dans leurs établissements, ni une force motrice suffisante, ni des bâtiments
en rapport avec les immenses changements qu'exigeait
ce nouveau mode de fabrication ; le second, c'est que
ces nouvelles dispositions, comme les machines elles-
mêmes, coûtaient encore des sommes considérables,
et que la plupart des fabricants de papier, bien qu'ils
eussent prospéré jusqu'alors, n'étaient pas assez riches
pour opérer cet important et immense progrès. Néanmoins, comme nous allons bientôt le voir, les obstacles
furent promptement levés ; dès ce moment, le système
de fabrication de papier à bras dut infailliblement
succomber, et son règne cessa complétement.

Je ne ferai point ici l'historique du système de la fabrication de papier à la mécanique : ces détails se-
raient superflus ; mais je dois dire que dès 1825, déjà
deux papeteries mécaniques furent créées en France,
celle du Mesnil, appartenant à MM. Firmin Didot,
ensuite celle fondée à Sorel en Normandie par M. Ber-
the Hamoir. Les produits de ces fabriques étaient si
imparfaits, qu'ils furent peu goûtés dans le commerce,
et ces deux établissements n'eurent pas tout le succès
que leurs propriétaires pouvaient et devaient en attendre.

Les deux papeteries que je viens de citer n'étaient
pas les seules qui existassent avant 1830 ; car M. Canson avait des premiers adopté le système mécanique,
et, après de nombreux efforts que dut faire ce digne

manufacturier, il y obtint un tel succès que ses produits étaient déjà remarquables par leur supériorité et leur excellente qualité.

Vint ensuite la papeterie de Veuze, inaccessible alors à tous les yeux, mais dont les fondateurs, MM. Callaud-Belisle, ne méritent pas moins d'être cités, qui fut fondée en 1828, puis celle de Plainfaing dans les Vosges (cette dernière est en ce moment en démolition), puis enfin celle de Jeandheures, dont le chef eut, on le sait, une fin si malheureuse.

Tous ces établissements, sauf celui de M. Canson, furent créés par des hommes complétement étrangers à la fabrication du papier, et qui durent alors tirer leurs machines d'Angleterre. Le prix fort élevé qu'elles leur coûtèrent, joint à leur inexpérience, les amena à dépenser des sommes énormes et leur suscita de si grands embarras, que beaucoup d'entr'eux purent à peine en sortir.

La spéculation dans les papeteries mécaniques n'en resta point là ; car on y connaissait à peine le système des sociétés en commandite et par actions.

Dès 1824 cependant, la société d'Echarcon commença la construction de la papeterie du même nom près Paris, qui ne fut mise en activité que vers 1831 et 1832. Ses fondateurs furent MM. de Montpoux et Darcet, avec tous les actionnaires qui voulurent y prendre part. On ne négligea rien pour que cet établissement fût établi sur les bases les plus grandioses et avec tous les perfectionnements connus jusqu'alors.

Enfin ses fondateurs firent si beau et si bien qu'ils y dépensèrent plus de 2,500,000. C'est ainsi que cette folie inimaginable ruina les fondateurs et fit perdre un peu plus tard 95 °/₀ aux actionnaires.

Quelques années après, néanmoins, cette importante usine fut mise en vente et achetée par quatre des principaux actionnaires fort riches, au prix de 350,000 fr., ce qui ne les empêcha pas de perdre constamment dans son exploitation des sommes considérables.

Nous vîmes en 1834 convertir au système mécanique les anciennes papeteries du Marais jouissant déjà d'un mérite connu. Mais celles-ci, dirigées par un homme du métier et habile en même temps, durent obtenir un résultat plus heureux, et leur prospérité ne tarda pas à se faire connaître, sous la direction de ce grand maître, M. Delatouche.

Quelques années plus tard, une autre société fut organisée pour l'établissement d'une grande manufacture de papiers près de Paris, qui fut jadis une des plus belles papeteries de France, dont je tairai le nom par égard pour son estimable gérant actuel que j'honore et dont j'apprécie les hautes qualités administratives.

Cet établissement coûta plus d'un million dans sa construction, et son capital fut réduit plus tard de 500,000 fr. Sa fondation n'en causa pas moins la ruine d'un grand nombre de bien honorables familles, par l'incurie d'un tiers intéressé, misérablement célèbre dans le monde (1).

Quelques temps après apparut la papeterie de Montfourrat, près de Bordeaux, qui ne coûta pas moins de 1,200,000 fr., ruina ses fondateurs et deux autres

(1) Le notaire Lehon.

compagnies, et finit par être vendue 119,000 fr. pour être abandonnée ensuite.

Déjà M. Chapelle venait de fonder à Paris un atelier considérable pour la construction des machines à papier. MM. Sanford et Warall, sur les premières demandes que leur firent MM. Delatouche et Lacroix frères, élevèrent à leur tour une maison qui acquit bientôt une grande réputation. Ce fut donc avec les machines sorties de leurs mains que MM. Delatouche et Lacroix frères parvinrent à obtenir des papiers de la plus belle et de la meilleure qualité, pouvant non-seulement rivaliser avec celui de nos voisins, mais encore nous mettre à même de nous passer de leurs produits.

Dès ce moment il n'y eut plus de limites à la construction de nouvelles fabriques de papier mécanique, et nous en vîmes s'élever un si grand nombre à Angoulême, Annonay, dans les Vosges et en Normandie, que le chiffre des machines en France fut bientôt porté à deux cents. Il n'y eut plus que les grandes sociétés qui en élevèrent ; car nous vîmes se précipiter sur cette industrie, par pur esprit de spéculation, des hommes de toutes les professions. Des anciens négociants retirés des affaires, des banquiers, des anciens officiers retraités, des avocats, des notaires vinrent en foule y chercher la fortune, et n'y trouvèrent, pour la plupart, que la ruine et le désespoir.

Ce ne fut pas assez de spéculer sur la fabrication connue, on chercha à fonder des papeteries sur de nouveaux systèmes par des moyens inconnus, sinon impossibles. Ainsi la paille de blé, la paille de maïs, le bois,

les plantes exotiques, le genet et bien d'autres matières donnèrent lieu à fonder des sociétés en commandites pour la fondation de nouveaux établissements, qui tous périrent peu de temps après.

Une papeterie mécanique qui coûtait des millions à
construire avant 1830, ne nécessita plus, de 1834 à
1835, qu'une dépense de trois à quatre cent mille fr.
pour une machine, et de cinq à six cent mille francs
pour deux machines, bien qu'un grand nombre coûtèrent beaucoup au delà. Ce fut cette importante diminution qui détermina la totalité des fabricants à l'ancien système à y substituer le nouveau procédé dans
leurs établissements. Pour y parvenir, la plupart durent
faire d'immenses efforts : les uns firent des emprunts
considérables; d'autres formèrent des sociétés collec-
tives; d'autres, enfin, eurent recours aux capitalistes,
en fondant des sociétés en commandite; enfin, de 1840
à 1842, la papeterie était au comble du progrès; mais
quel progrès? c'est ce que nous allons voir tout à
l'heure. Ainsi, en 1834, nous avions tout au plus 20 machines en France, et en 1844 le nombre en dépassait
210. Aussi, à l'exposition de cette même année, dûmes-
nous prendre notre part des nobles paroles d'encouragement prononcées par M. Ténard, dans son rapport au
roi, lors de la distribution des récompenses accordées à
l'industrie : « Nos progrès dans l'industrie, Messieurs.
» disait-il, sont de véritables conquêtes faites sur les
» peuples nos rivaux. Jadis, nos ancêtres remportaient
» des victoires par les armes, vous, vous les rempor-
» tez par l'intelligence; les conquêtes de nos ancêtres
» ruinaient l'État par des guerres successives, les vô-

» tres, au contraire, l'enrichissent en grandissant le
» bien-être dans toutes les classes de la société. Les
» meilleures conquêtes ne sont-elles pas celles qui sont
» faites en temps de paix ? »

Sans doute ces paroles exprimaient une grande vérité, et je crains bien que de longtemps nous n'enten-
dions un pareil langage ; car quelles conquêtes nous
laissent espérer nos grands théoriciens d'aujourd'hui,
si ce n'est de compléter la ruine de nos établissements
et de notre industrie par la désorganisation du travail?
Mais, nous devons en convenir, si nous avons fait
d'importantes conquêtes, c'est qu'en industrie il ne
peut y avoir de conquêtes sans combats. L'industrie a
donc aussi ses guerres, la concurrence pour champ de
bataille, l'égoïsme, l'envie, l'ambition pour armes. Ces
armes ne sont trempées ni de fer ni d'acier ; mais
elles n'en sont pas moins meurtrières, puisqu'elles
causent la ruine, la misère et souvent le déshonneur.

En se jetant aussi imprudemment dans ce progrès
si exagéré et si dangereux de la spéculation industrielle, les fabricants et les capitalistes qui vinrent y
tenter la fortune ne mirent plus ni bornes ni calculs
dans leurs entreprises ; l'accroissement immodéré de la
production, dépassant toujours le progrès plus lent
de la consommation, l'insuffisance des capitaux, ne
les arrêtèrent pas dans leurs projets fantastiques. Il
suffisait de voir quelques maisons exceptionnelles jouir
d'une certaine apparence de prospérité, souvent exagérée, pour que l'on se mît à construire de nouveaux
établissements. L'envahissement de cette industrie

par la spéculation fut donc porté au dernier degré.

Non seulement, comme nous venons de le voir, le nombre des machines s'accrut outre mesure dans un espace de dix années, tandis que vingt ans eussent à peine suffi pour que la consommation pût suivre le même progrès d'accroissement, mais nous vîmes encore les anciens et les nouveaux fabricants, ne pouvant déjà écouler leurs produits qu'au moyen d'une baisse toujours constante, faire tous leurs efforts pour accroître inconsidérément leur production. Celui qui ne possédait qu'une machine en fit établir une seconde; celui qui en possédait deux en fit établir une troisième, ainsi de suite; un autre achetait un nouveau cours d'eau pour établir des cylindres, et chacun, se croyant plus fort que son voisin, se croyant dans des conditions plus avantageuses que ses concurrents, ne craignit pas d'opérer l'écoulement de ses produits au moyen d'une baisse nouvelle.

De ces excès de la spéculation, dont les conséquences se font si cruellement sentir aujourd'hui, découla naturellement une surabondance de produits; de l'abondance de produits découlèrent les abus d'une concurrence oppressive et irrégulière, les longs crédits, si désastreux pour toutes les entreprises; l'exploitation du producteur par le négociant, l'exploitation du négociant par le détaillant, et l'exploitation du détaillant par le consommateur.

J'ai fait connaître que le nombre de rames de papier obtenu en France avant 1830 pouvait être évalué à 5,600 rames par jour, ou 1,680,000 rames par année.

Nous pouvons estimer sans exagération que celui obtenu en 1844 n'était pas moindre de 20,000 rames, soit de 6,000,000 par année, qu'on peut évaluer à 50 millions de francs.

Cette augmentation si considérable, qui est un véritable problème, moins encore pour la production que pour la consommation, et qui n'est que la conséquence naturelle du progrès de toutes les autres industries, puisque la consommation ne fut pas de beaucoup inférieure à la production, ne devait-elle pas être un coup de fortune pour les fabricants de papier? Sans doute.

Mais, au lieu de cela, il arriva que les excès d'une concurrence exagérée et mal raisonnée faisant sans cesse baisser le cours des papiers, les abus des longs crédits occasionnèrent aux fabricants des pertes si considérables, que plusieurs furent en peu d'années ruinés complétement, que d'autres virent succesivement abaisser leur capital, et que les plus forts par leur position de fortune eurent à lutter contre tant de difficultés que leurs établissements éprouvèrent une grande dépréciation de leur valeur primitive. Cette moins-value a dépassé de beaucoup les bénéfices qu'ils en avaient pu obtenir antérieurement.

Ces progrès immenses que les fabricants de papiers ont obtenus avec tant d'efforts, cet accroissement considérable qu'ils obtinrent dans la consommation intérieure, comme dans leurs relations extérieures ne leur fut donc point profitable. Ceux qui disent que les fabricants en général sont de hauts et puissants seigneurs sont bien faussement renseignés ; ceux qui pensent qu'ils ont tous acquis d'importantes fortunes ne connaissent guère l'industrie par pratique. Ah ! si ceux qui pensent ainsi pouvaient pénétrer dans l'intérieur de chaque industriel, s'ils pouvaient se faire une juste idée des efforts, des inquiétudes, des veilles, des déchirements de cœur qui tourmentent constamment leur esprit ; s'ils voulaient apprécier à leur juste valeur les combats de tous les jours, et contre la concurrence, et contre les exigences de l'acheteur et quelquefois du vendeur, et contre les pertes auxquelles ils sont constamment exposés, ils croiraient moins, sans doute, à leur joie et à leur bonheur, et ils n'envieraient certainement pas leur position comme pouvant rendre heureux cette multitude d'hommes desquels tous ces noirs soucis ne feraient que des industriels complétement incapables.

Pour démontrer jusqu'à l'évidence que les fabricants de papiers n'ont nullement profité de leurs immenses progrès, en voyons-nous un seul qui depuis dix années ait pu se retirer des affaires avec quelque fortune ? Et ceux qui voudraient se retirer aujourd'hui, le pourraient-ils, quand la valeur des papeteries est sans réalité, quand aucune confiance n'existe maintenant dans l'avenir de cette industrie ?

Quant au progrès, il y en eut, cela n'est pas à mettre en doute ; il y en eut dans la qualité des produits, qui furent mis à la portée de tous les besoins de la consommation ; il y en eut dans le prix, qui baissa d'environ 30 %, en dix années. Mais le consommateur et l'ouvrier seuls en profitèrent ; le premier, par le bas prix des papiers ; le second, par l'accroissement considérable du travail (1) qui a été le but et la conséquence de l'encouragement que le gouvernement de Juillet dut donner alors à l'industrie.

Outre l'augmentation de salaire, l'ouvrier n'a-t-il pas encore trouvé dans cet accroissement immense de l'industrie par les machines, dans sa consommation usuelle à meilleur marché, une augmentation réelle de bien-être, surtout pour les plus capables? L'ouvrier n'a-t-il pas trouvé dans l'application des machines une amélioration sensible dans le travail manuel, une moralisation profitable à lui-même et à sa famille, en lui imprimant le goût de l'ordre et de l'économie, et en trouvant, même dans les plus mauvais jours, comme dans les temps de disette, quoi qu'en disent certains novateurs, une sympathie généreuse qui rapproche l'ouvrier du maître, et le maître de l'ouvrier? Et c'est ce temps qui nous amena à ce progrès de la civilisation que nous accusons aujourd'hui, ce temps auquel nous n'accordons qu'un souvenir de mépris et de haine. Ah ! plût au ciel que nous n'en eussions jamais de plus mauvais !

Si, comme le citoyen Louis Blanc, j'eusse eu la prétention de me faire régénérateur de la société, organisateur du travail, je n'eusse point écrit seulement, comme lui, sur la bannière des travailleurs cette fa-

---

(1) Le nombre d'ouvriers, hommes, femmes et enfants, employés dans la papeterie était, en 1829, de 14 à 15,000 environ. Il s'est élevé, de cette époque à 1844, à 25,000 environ

meuse devise que notre République vient de proclamer, mais j'y eusse ajouté en lettres d'or, celle-ci :

Moralité, Probité, Activité.

Car point de liberté sans moralité, point de fraternité sans probité, point d'égalité sans activité dans le travail.

Dans ces trois mots se résument, selon moi, toute l'organisation du travail qui peut conduire le travailleur au véritable progrès dont il a besoin et auquel il a droit de prétendre. Les lui faire bien comprendre, les lui invétérer plus profondément dans le cœur et dans les mœurs, doit être le premier devoir du législateur, toutefois s'il met en même temps un frein à l'égoïsme des classes plus élevées, un frein aux erreurs des commerçants sur les véritables principes de la concurrence, qui doivent avoir aussi pour bases fondamentales, la Moralité, la Probité, l'Activité.

CHAPITRE III.

—

D'après ce que je viens de raconter, il est évident
qu'il devait en résulter, pour la papeterie, un encombrement momentané de produits, et de là des souffrances incontestables. Cet état de choses n'était-il pas
la conséquence toute naturelle de notre ardeur im-
modérée à nous jeter aveuglément dans cette voie si
perfide de la spéculation, qui nous conduisit bientôt à
ces fâcheux errements de la concurrence, à ces fâcheux
abus des crédits, qui font encore aujourd'hui notre
désespoir par les nombreux obstacles qu'ils apportent à
notre prospérité ?

Il y a peu d'années encore, la spéculation industrielle était en France une véritable épidémie. Ce ne fut
point en papeterie seulement que les *adroits* exploitè-
tèrent le capitaliste confiant et crédule, ce fut dans
presque toutes les industries, mais surtout celles qui
étaient, pour ainsi dire, encore inconnues.

Poussés par cette soif ardente d'élever toujours leur fortune, n'avons-nous pas vu se jeter imprudemment dans les entreprises industrielles d'abord, sur les actions des chemins de fer ensuite, le grand capitaliste et le petit rentier? des hommes de toutes les professions, qui, après avoir acquis de belles fortunes à la suite d'une longue carrière qu'ils avaient parcourue avec honneur, sont venus engloutir dans ce gouffre de la spéculation fortune, avenir et bonheur? N'avons-nous pas vu d'anciens commerçants, d'anciens manufacturiers retirés devenir banquiers et commanditaires de plusieurs entreprises à la fois, et se livrer étourdiment à des chances si hasardeuses qu'ils n'y trouvèrent, pour la plupart, que ruine et désespoir?

A quoi donc nous a servi ce système d'association en commandite par actions, si en vogue dans nos dernières années; ce système d'espèce de papier-monnaie, régénéré du règne de Louis XV sous le ministre Law, mais que nous avons encore surpassé en extravagance et en expiation? Il nous a servi à exciter chez nous l'ambition, l'envie, l'égoïsme, l'amour du luxe et la passion de l'agiotage; il nous a servi à porter toutes les valeurs quelconques jusqu'à l'exagération, pour voir ces mêmes valeurs disparaître plus tard dans ce flux des crises financières, comme dans l'abîme des révolutions. Y eut-il une époque plus fertile en exemples de ces amères déceptions que la nôtre?

Ah! s'il était possible de calculer les fortunes immenses qui ont dû disparaître dans cette fureur de l'agiotage, ne serions-nous pas épouvanté de l'immensité des sommes qui ont été englouties dans ce gouffre de la commandite? Ne serions-nous pas étonné de voir que la fortune publique ait pu se maintenir à travers ces monceaux de ruines et de non-valeurs, et que notre époque ait encore pu nous permettre de réparer des désastres aussi considérables? Système, du reste, qui n'a d'autre avantage que d'exciter une guerre de destruction dans l'industrie, en faveur du riche contre les intérêts de l'industriel laborieux et capable, et d'organiser le monopole en permettant d'immenses agrandissements à quelques-uns au détriment du plus grand nombre.

Et faisant ainsi ressortir les inconvénients de la commandite, mon intention n'est pas cependant d'en condamner le principe d'une manière absolue. Non, car, je considère la commandite nécessaire pour toutes entreprises qui tiennent aux intérêts publics du pays; mais je n'admets aucunement son utilité dans les entreprises d'industries privées, surtout quand elles sont purement commerciales.

Définir ces ambitions, ainsi que leurs causes malheureuses, n'est point, au reste, mon affaire; laissons aux écrivains habiles le soin de décrire les passions, les faiblesses et les erreurs des hommes, et revenons au sujet qui nous occupe spécialement.

Nous avons souvent entendu dire que les souffrances qu'a endurées la papeterie pendant ces dernières années, n'avaient d'autre cause que la trop grande production. J'en conviens, et je viens déjà de le reconnaître: il y a eu excès de production par suite de l'excès de la spéculation ; mais ne devons-nous pas admettre , comme je viens de le dire également, que, quand cet excès dans la production a pour cause un progrès trop précipité , une réforme trop radicale ou encore une surabondance de capitaux, cet excédant de la production sur la consommation ne peut être que momentané, et la réaction ne peut être éloignée; la prospérité de l'industrie doit naturellement en souffrir jusqu'à ce que l'équilibre , sans lequel elle ne peut exister, soit convenablement rétabli.

N'avons-nous pas vu, en effet, le capitaliste s'éloigner de la papeterie et porter ailleurs son ambition , lorsque la prospérité a cessé d'exister dans cette industrie? Malheureusement, c'est ainsi que sont nos capilistes en France. S'agit-il de fonder, de créer : toutes les fois qu'on leur pose des chiffres , qu'on leur promet de grands résultats , le plus souvent erronés et dénués de fondement, vite ils donnent leurs capitaux ; s'agit-il de consolider ou de rétablir une industrie qui présente des résultats ordinaires, en rapport avec des produits réels et sûrs : vite ils retirent leurs fonds et abandonnent le certain pour aller se jeter presque toujours dans l'inconnu et les éventualités.

Beaucoup de personnes croient que l'affluence des capitaux dans l'industrie en fait le bien-être et l'avenir. Cela serait vrai, si cette affluence venait à propos, c'est-à-dire plutôt pour consolider que pour créer ; mais comme c'est toujours le contraire qui arrive, que nous commençons par créer, et que nous abandonnons ensuite notre création à toutes les éventualités, il ne

peut en résulter pour nous que malaise et souffrance.
Il vaudrait donc mieux, selon moi, que nous eussions
moins de capitaux pour créer et beaucoup plus pour
consolider. Nos capitalistes s'en trouveraient infini-
ment mieux; ils auraient peut-être moins d'émotions
dans le mouvement du monde, mais ils assureraient
leur fortune, en l'établissant sur des bases plus solides
et plus durables, et l'industriel, l'homme pratique,
l'homme laborieux, trouverait au moins un appui, un
encouragement dans ses travaux, et quelquefois le
moyen de développer son intelligence, trop souvent
comprimée par la gêne et l'insuccès. C'est alors que
nous arriverions à l'agrandissement de notre industrie,
à l'accroissement du travail et à l'amélioration du sort
des ouvriers.

Nous avons besoin, pour l'industrie et le travail, de
l'accroissement de la consommation par les masses.
Cet accroissement ne peut avoir lieu sans la prospérité
générale; or, lorsque la prospérité générale cesse, la
consommation et le travail diminuent, et l'ouvrier
souffre. Il ne suffit donc pas que celui qui possède con-
somme, il faut encore que celui qui travaille augmente
sa fortune, et en même temps la consommation.

Parvenir à ce but est sans doute le vœu de tous;
mais, malheureusement, pour y arriver plus vite nous
prenons trop souvent le chemin le plus détourné; car
c'est bien plus de nos erreurs que proviennent nos insuccès que des mille autres causes auxquelles nous les
attribuons, parce qu'il n'est pas dans notre nature de
croire que les souffrances que nous endurons provien-

nent le plus souvent des fautes que nous avons commises.

En papeterie, nous ne pouvons le nier; car, lorsque de 1840 à 1842, la spéculation cessa d'exister dans notre industrie, nous vîmes la réaction nous laisser dans un état de grandes souffrances. En vain nous avons voulu rétrograder; en vain nous avons voulu tenter divers moyens pour y résister; nous avons dû subir toutes les conséquences de nos fautes. C'est alors que les capitaux nous ont fait défaut et que les fabricants ont pu reconnaître le mauvais côté de leur position. Le capital individuel ne s'étant pas accru dans une proportion égale à leur attente, ils reconnurent bientôt, pour la plupart, que ce capital était insuffisant pour l'importance de leur entreprise.

Ainsi le fabricant qui possédait trois machines n'avait souvent que le capital nécessaire à l'exploitation de deux ; celui qui avait deux machines n'avait que le capital nécessaire à l'exploitation d'une seule. Que d'efforts, que de sacrifices ne dûmes-nous pas faire pour lutter contre ces difficultés immenses et dissimuler notre gêne ! Cet état de choses devait naturellement nous conduire à une perturbation générale qui ne pouvait cesser qu'avec le temps indispensable pour atteindre l'équilibre entre la production et la consommation, la seule ressource qui nous restât à espérer dans l'avenir pour sortir de nos embarras et nous ramener à un état prospère.

Pendant le temps que dura la réaction, un grand nombre d'établissements ne purent résister, et ils tombèrent dans l'inaction la plus complète.

Ce fut alors que nous avons vu succomber les papeteries de Roanne, de Guize, Lavillette, Saint-Denis, etc., établissements érigés en commandites, qui ruinèrent successivement plusieurs sociétés et engloutirent des sommes considérables. Enfin les désastres furent tels dans cette industrie, qu'à Angoulême seulement, sur vingt établissements qui y furent fondés, quatorze ne purent résister à la crise. La proportion ne fut pas beaucoup moindre dans les autres contrées. Plusieurs de ces établissements furent remis en activité, quelques-uns sont toujours restés inactifs.

Il ne nous a pas fallu moins de cinq années de réaction contre sept années de progrès pour atteindre l'équilibre convenable entre la production et la consommation ; car, au commencement de 1847, il n'y a pas à mettre en doute que nous y étions positivement arrivés, et que des améliorations se faisaient déjà sentir.

Cependant, tout en convenant de cet excédant de la production sur la consommation, je dois dire aussi qu'il ne fut pas à beaucoup près aussi élevé que bien des hommes ont voulu le croire. Nous avons le défaut d'exagérer continuellement, le mal et de tenir rarement compte du bien, et surtout de l'apprécier ; il en résulte que notre exagération augmente le mal en inspirant de nouvelles craintes, que la confiance se perd davantage, et que notre position en devient d'autant plus mauvaise.

Il est certain que cette opinion fâcheuse et exagérée que nous nous sommes faite mutuellement sur l'excédant de la production en papeterie n'a eu d'autre resultat que d'exciter la concurrence entre nous, et d'amener dans le prix de nos produits une baisse considérable. Si cependant nous avions voulu nous rendre un compte plus exact des choses, si nous avions cherché à nous éclairer sur ce fait, peut-être n'eussions-nous pas fait d'aussi larges concessions, que nous n'avons accordées que par crainte de manquer d'écoulement. Avons-nous donc vu dans ces derniers temps nos magasins si encombrés? Avons-nous été dans la nécessité de diminuer notre fabrication? Non; nous avons tous beaucoup fabriqué et nous avons trouvé l'écoulement de nos produits; seulement nous les avons écoulés à des conditions de baisse que notre position ne justifiait certainement pas d'une manière suffisante.

En partant de cette idée qu'on se fait généralement dans le commerce de la trop grande production, on amène peu à peu toutes les affaires à devenir infructueuses et à diminuer la consommation au lieu de l'augmenter. Il y a donc dans cette faiblesse, malheureusement passée chez nous en habitude, des inconvénients très-graves qui retombent sur la société tout entière, car elle contribue à comprimer la prospérité, à arrêter tout progrès et à paralyser naturellement le travail.

Il est encore des personnes qui, parce qu'une industrie devient pendant quelque temps improductive par quelque motif que se soit, pensent que cette industrie doit toujours rester dans cet état de souffrance : c'est encore une erreur. Mais nous ne voulons pas souvent croire au bien par l'idée toujours exagérée que nous nous faisons du mal; ensuite, parce que nous ne voulons pas nous rendre suffisamment compte des causes qui ont amené l'état de malaise dans lequel se trouve une industrie. D'ailleurs, peut-on raisonnablement supposer que, quand plusieurs industriels habiles se sont ruinés dans un établissement, il va se trouver des gens assez fous pour venir se ruiner à leur tour? En vérité, c'est avoir une bien triste idée de nos connaissances commerciales et industrielles que de raisonner ainsi; car si ces faits se sont produits quelquefois, c'est qu'il y a toujours eu quelques personnes dupes de gens sans foi et sans loyauté; et comme l'expérience ne tend qu'à s'accroître en France, je me plais à croire qu'il ne se trouvera pas toujours des hommes assez confiants ou assez crédules pour aventurer des capitaux dans des opérations reconnues tout-à-fait mauvaises.

Il faut pourtant convenir que nous avons en industrie un autre défaut véritablement matériel : c'est cet esprit dominant de l'imitation, qui n'est assez souvent que le résultat de l'envie et de l'égoïsme. Voyons-nous un voisin réussir dans une entreprise, nous nous empressons de lui faire concurrence sans plus de réflexion ; un inventeur fait-il une découverte, nous cherchons à la lui ravir ou à produire l'équivalent; un fabricant adopte-t-il un système nouveau, bon ou mauvais, vite nous l'adoptons ; un concurrent imprudent ou ambitieux augmente-t-il son établissement, vite nous agrandissons le nôtre, sans nous occuper si nos moyens nous le permettent ou si l'écoulement ne nous fera pas défaut. C'est ainsi que par amour-propre nous passons sur toutes les difficultés, et que nous poussons quelquefois la vanité jusqu'à croire que nous pourrons faire plus ou mieux que nos devanciers.

Nous portons cette fureur de l'imitation jusqu'à commettre les fautes qu'ont pu commettre nos concurrents. Celui-ci fait-il une baisse de prix, nous en faisons une aussi. Celui-là accorde-t-il un long et fort crédit, nous l'accordons également sans hésiter, sans examiner si nous ne sommes pas dupes d'un stratagème de l'acheteur, et sans nous rendre aucun compte des conséquences qui peuvent en résulter.

C'est donc encore ainsi que, par manque de calcul, par envie, ou par faiblesse, nous perdons tous nos éléments de prospérité, et que beaucoup de gens marchent, sans s'en douter, à une ruine certaine, tout en y entraînant les autres.

Eh bien, malgré cela, je crois que si la prospérité générale n'eût point éprouvé d'interruption dans sa marche progressive par suite des spéculations, de nos erreurs dans la concurrence et des abus dans les crédits, je crois, dis-je, que l'écoulement de nos produits ne s'en serait pas moins effectué, sans aucun excédant dans la consommation.

M. Wolowski disait dernièrement en émettant ses principes sur la production : « Les grandes produc- » tions sont les filles de l'émulation, de l'intelligence » et du génie de l'homme. Les grandes productions, » c'est la vie, c'est l'avenir des grands peuples, c'est » le bien-être du pauvre comme du riche. »

Ne sont-ce pas, en effet, les grandes productions qui donnent à nos industriels les moyens d'exporter leurs produits, en les mettant à même de lutter avec la concurrence étrangère?

Ne sont-ce pas les grandes productions qui donnent aux ouvriers les objets de leur consommation à bon marché et leur assurent du travail et du pain? Les grandes productions n'enrichissent-elles pas en même temps l'État en créant un grand nombre d'établissements?

Il en est de la production industrielle comme de la production du sol, qui, en donnant une abondante moisson, donne la vie à bon marché. Ne pensons donc ni à la restreindre ni à la comprimer, hors les cas absolus; ce serait vouloir arrêter un fleuve dans sa course.

Tous nos efforts doivent donc tendre à l'extension de nos relations commerciales au dehors et à l'accroissement de la consommation à l'intérieur. En agissant ainsi, nous encouragerons le progrès dans nos industries, nous augmenterons notre prospérité et la richesse publique en même temps, et nous améliorerons également le sort des travailleurs.

Il ne faut pas conclure, cependant, que tout producteur doive produire toujours et quand même. Il est des circonstances où il en est de la production comme de la concurrence, c'est-à-dire qu'il est certaines règles, certaines limites que tout producteur d'ordre et de calcul ne doit pas dépasser. Vouloir marcher contre des nécessités absolues serait s'exposer à perdre sa fortune et sa considération.

Ainsi le producteur prudent doit fléchir devant les

temps de crise financière ou politique qui, trop souvent, accablent la France, et contre lesquels nulle intelligence ne peut résister.

Mais ne disons pas qu'en temps ordinaire un producteur produise trop. Je n'admets pas ce raisonnement, à moins qu'il ne soit obligé de vendre ses produits avec perte, ce qu'il ne doit jamais faire; mais tant qu'il trouve le débouché de sa marchandise, il ne doit rien épargner pour produire le plus possible, proportion gardée avec son capital; car en produisant beaucoup il produit à meilleur marché, et le bon marché augmente nécessairement la consommation en augmentant le travail.

Produire beaucoup, produire avec intelligence, produire avec sagesse, tels sont mes principes sur la production industrielle.

J'en conclus donc que les fautes commises par les fabricants de papier ne proviennent pas de ce qu'ils ont donné à leurs machines, toute la puissance de production qu'elles peuvent avoir, mais que la première faute réelle est celle qui provient de l'engouement et des erreurs de la spéculation industrielle, auxquels la France a été en proie pendant quelques années.

Que la seconde faute provient de ce que, par inexpérience, on a créé des établissements sur un capital complétement insuffisant.

Que la troisième faute provient de ce que, par pure ambition, par amour-propre ou par faux calcul, on a élevé le nombre des machines au-delà des proportions indispensables du capital et des facilités d'écoulement, ce qui a amené naturellement les difficultés, la gêne et les sacrifices. Outre cette augmentation de machines, augmentation de cylindre, travail de nuit, travail fêtes et dimanches, rien ne fut ni respecté, ni épargné ; produire plus que son voisin, vendre meilleur marché que lui, écouler plus vite, était donc l'unique pensée du fabricant et sa seule préoccupation, comme si l'insuffisance du capital et les difficultés d'écoulement ne devaient être aucun obstacle pour lui. Si, au contraire, chacun eût apporté dans la papeterie un meilleur jugement, plus de prudence, moins d'amour-propre, jamais, peut-être, cette industrie n'eût été, suivant moi, plus florissante que sous le règne que nous venons de parcourir.

Si on pouvait énumérer toutes les sommes passées en nulle valeur dans la papeterie, elles dépasseraient de beaucoup celles qui restent en réalité aujourd'hui ; et si on estimait la valeur actuelle des fabriques et le capital intrinsèque existant en ce moment, on reconnaîtrait facilement qu'en général, les fabriques ont atteint une moins value de bien plus de 50 °/₀ sur le capital effectif qui a été employé primitivement dans notre industrie. Voilà le résultat que nous avons obtenu dans les années les plus favorables ; il y a loin de là à l'idée toute contraire que l'on s'en fait généralement dans le monde.

Que d'imprévoyance, que d'imprudence n'ont donc pas existé chez la plupart des fabricants, sur le chiffre du capital nécessaire à l'exploitation d'une papeterie ! Un grand nombre d'entre eux sont loin de l'évaluer encore à sa réalité, pour pouvoir obtenir quelques avantages et résister en même temps dans cette lutte d'intérêts rivaux, sinon ennemis.

Pour donner une juste idée de ce capital indispensable, je vais poser quelques chiffres, en prenant pour base une papeterie de deux machines, sur une fabrication de qualités de papiers moyens, et dont le fabricant vend lui-même ses produits sans le secours du commissionnaire.

J'estime pour le fonds de l'établissement une valeur de. . . . . 500,000 fr.

Pour les approvisionnements et matières premières, au moins. 100,000

Pour les papiers en cours de fabrication. 30,000

Pour papier fabriqué pour assortiment des magasins. 150,000

Pour ventes non réglées et comptes courants. 70,000

Valeurs en portefeuille, provenant de ventes faites à six mois, évaluées à 40,000 francs par mois, et non négociables au-delà de 90 jours. 120,000

Pour créances et autres valeurs douteuses. 30,000

Total du capital indispensable. . 1,000,000

Je crois devoir faire observer que ces évaluations sont excessivement modestes, et que pour les fabricants qui se sont adonnés particulièrement à la fabrication des papiers de luxe, ce capital est loin d'être suffisant, comme il ne peut l'être également pour ceux qui vendent leurs produits à neuf, douze et quinze mois, comme cela se pratiquait assez généralement, et tout récemment encore, en librairie, imprimerie, et chez les fabricants de papiers peints.

Or, comme la production annuelle de deux machines peut être évaluée en moyenne à 800,000 francs, il en résulte que le capital dépasse de beaucoup, comme on le voit, le chiffre d'affaires probables et possibles. Existe-t-il une industrie à laquelle un capital aussi considérable, en rapport avec le chiffre de production, soit nécessaire? Je ne le pense pas.

On peut objecter que beaucoup de fabricants ne sont que fermiers de leurs usines; mais ils ont alors à supporter des frais de loyer considérables, prélevés sur le produit du capital et sur le fruit de l'exploitation.

Quand l'insuffisance du capital existe, nous sommes dans l'obligation d'avoir recours à des emprunts onéreux, à un crédit qui nous occasionne, le plus souvent, des sacrifices considérables dans les temps même les plus prospères, nous abat tout-à-fait dans les temps de crise, et nous met dans l'impossibilité de pouvoir nous relever.

CHAPITRE IV.

———

Je viens d'expliquer comment la fabrication du papier est passée de la spéculation à l'excès de la production, et comment de l'excès de la production elle est passée de l'état de progrès à l'état de souffrance dont elle n'était point encore complétement sortie avant Février, bien que des améliorations commençaient alors néanmoins à se faire sentir ; voyons maintenant quels étaient ses rapports commerciaux avant 1830, et ce qu'ils ont été dans nos dernières années.

Avant 1830, tous les fabricants, dans chaque centre de fabrication, se voyaient et vivaient en bons rapports comme de vrais amis ; point de dissimulation entre eux, point de jaloux, point d'envieux. On peut affirmer que c'était alors le vrai temps de la Fraternité. Mais, il faut le dire, comme tous prospéraient plus ou moins, et qu'ils savaient se trouver satisfaits de leur position, rarement une ambition prématurée venait assombrir leur esprit et rider leur front.

Les rapports de fabricant à négociant étaient dans les termes les plus agréables. Venait-on se visiter, on se recevait réciproquement de la manière la plus cordiale ; les affaires étaient généralement traitées avec de mutuels égards, et quelquefois même au milieu d'un joyeux déjeuner. Rarement d'injustes exigences, rarement de tiraillements, jamais d'infraction aux conventions établies.

Hélas ! que ce temps est loin de nous, et combien nous avons changé !

Aujourd'hui, qui de nous n'a pas un motif pour s'éloigner de son confrère ? Qui de nous ne considère un concurrent comme un ennemi redoutable ? Qui de nous n'est jaloux de son voisin s'il prospère ? Qui de nous n'est constamment accablé de soucis pour le présent et tourmenté d'ambition pour l'avenir ?

Le vendeur et l'acheteur ne sont-ils pas comme deux ennemis constamment en présence, et les rapports qu'ils ont entre eux, comme une conséquence obligée de leur intérêt personnel ? Les égards qu'ils ont, c'est d'employer la ruse et l'artifice. L'acheteur, enfin, est presque toujours tracassier et exigeant outre mesure, et il n'est véritablement satisfait que quand il peut arracher au vendeur concession sur concession, sans s'occuper le moins du monde de ce qui peut en résulter.

Malheur au fabricant, au commerçant inexpérimenté, faible ou crédule ! Il n'a d'autre perspective que de succomber infailliblement dans un temps plus ou moins rapproché, sous le poids de cette tyrannie de l'individualisme qui fait maintenant la base de toutes nos actions.

S'il était possible d'énumérer ici le nombre de fabricants qui ont dû courber la tête sous cette oppression égoïste, nous serions, en vérité, frappés d'étonnement. Des hommes capables et courageux n'ont pu même défendre leur fortune et leur honneur contre ces turpitudes commerciales.

Ce caractère tracassier, au surplus, est tellement passé en habitude chez nous, que bien des acheteurs s'en font un mérite de capacité commerciale.

Avant 1830, la plupart des fabricants de papier ne vendaient encore leurs produits qu'à un très-petit nombre de commettants (marchands en gros); ces derniers adressaient leurs demandes, et presque toujours elles dépassaient la production possible du fabricant auquel elles étaient adressées; souvent même l'acheteur venait lui-même en fabrique, et rarement les fabricants avaient besoin d'offrir leurs marchandises; elles s'écoulaient sans difficulté.

Jusqu'à cette époque, les conditions de la vente, c'est-à-dire le terme, comme l'escompte pour le comptant, suivaient très-régulièrement leur cours habituel; jamais d'anticipation, jamais cette prétention d'outre-passer les usages établis depuis un temps immémorial. Quatre mois étaient le terme de rigueur; 3 °/₀ d'escompte étaient la compensation de l'avance de payement.

Le système de dépôt ou la vente à la commission était encore peu usité, et presque tous les papiers se vendaient à forfait.

Dans les dernières années, au contraire, au fur et à mesure de l'accroissement de la production par les machines, les besoins d'écoulement devinrent si grands, que nous vîmes quelques fabricants avoir jusqu'à cinq et six voyageurs ; quelques maisons tentèrent d'exploiter les quatre parties du monde, mais ces essais furent des plus malheureux. Cela prouve combien il est difficile aux fabricants français d'établir des relations dans les pays étrangers.

Quant aux fabricants ayant leur écoulement direct à Paris, les affaires n'y furent plus, pour ainsi dire, praticables autrement que par l'intermédiaire d'un commissionnaire ; chaque fabricant établit donc un dépôt de ses produits, le plus grand nombre dans des maisons de commission. Pour obtenir des dépôts, ces mêmes maisons durent se contenter d'un léger bénéfice (ou commission), et elles arrivèrent ainsi à augmenter considérablement leur chiffre d'affaires ; mais, pour y parvenir, il n'est point de moyens qu'ils ne durent employer dans la concurrence.

Dès ce moment l'ordre de la vente en papeterie fut complétement interverti. Au lieu d'attendre l'acheteur, on alla le solliciter ; des commis de place allèrent alternativement le presser ; toute espèce de concessions lui furent offertes ; diminution de prix, long crédit, fort escompte, rien ne fut épargné pour attirer la préférence. Pouvait-il en être autrement que l'acheteur ne devînt exigeant jusqu'à l'oppression? C'est donc ainsi qu'avec une immense production, avec d'importants perfectionnements ; c'est ainsi qu'avec un chiffre d'affaires plus que doublé, les fabricants et négociants firent disparaître tous les éléments possibles de prospérité, et qu'ils tombèrent de la manière la plus absolue sous la domination de l'acheteur, insatiable de concessions.

Pendant que cette transition s'opérait dans la vente des papiers, un fait vraiment inouï et fort rare en industrie, plaçait les fabricants de papiers dans la position la plus fâcheuse et la plus singulière en même temps.

Soit que ce fût la grande consommation de matières premières qui se faisait dans ce moment, soit cette grande ardeur vers le perfectionnement, soit encore cet esprit d'individualisme qui dominait déjà chez les industriels, il s'établit une concurrence des plus redoutable dans l'achat des chiffons. Chacun s'imaginant devoir en manquer au premier jour, en achetait des approvisionnements considérables à la hausse; le prix dut naturellement s'élever à un taux vraiment exorbitant; ce ne fut qu'après bien des efforts, et au bout de quelques années, qu'on parvint enfin à revenir de cette frénésie et à ramener le cours du chiffon à des conditions normales.

C'est justement après avoir atteint un progrès immense dans la production, des améliorations considérables dans la qualité des produits et un bas prix vraiment extraordinaire, avantages qui devaient si puis-

samment faciliter l'écoulement ; c'est donc lorsque la
consommation eut pris un accroissement considérable,
lorsque nos relations à l'extérieur eurent acquis un
immense développement, que nous vîmes l'industrie
de la papeterie se livrer, au milieu de tous ces éléments
de prospérité, aux excès effrénés d'une concurrence
désordonnée, égoïste, sans principes, sans calcul, qui
ne fut plus qu'une véritable anarchie commerciale.

Ce fut à cette même époque (1842) que M. Michel
Chevalier écrivit le passage suivant sur la concurrence, dans son Cours d'économie politique.

« C'est un spectacle affligeant que celui qu'offre trop
» souvent l'industrie, avec l'insuffisance d'organisa-
» tion qui, aujourd'hui, la caractérise. Le nombre des
» supercheries et des fraudes qui s'y commettent est
» incalculable. On a écrit des volumes pour faire con-
» naître les sophistications de toute espèce qu'elle
» emploie ; on pourrait les enrichir chaque jour d'un
» chapitre nouveau. Sous l'empire d'un individua-
» lisme effréné, le mensonge, ressource des faibles et
» des lâches, est devenu dans le monde commercial
» une pratique presque courante.

» Une incertitude désespérante plane sur l'avenir ;
» personne ne peut compter sur le lendemain, ni le
» maître ni l'ouvrier ; l'industrie est comme un terrain
» mouvant que les volcans ne cesseraient de soulever ;
» rien n'y est stable ; ce qu'elle a de permanent, c'est
» l'inquiétude et le noir souci. Éminemment pacifique
» de sa nature, la carrière industrielle a pris l'aspect
» d'un champ de bataille ; les maîtres guerroient les

» uns contre les autres, et se portent des coups qui, le
» plus souvent, retombent sur l'ouvrier. Ces discor-
» des, ces turpitudes et ces violences qui se révèlent
» trop fréquemment dans l'industrie ne prouvent
» qu'une chose, c'est qu'elle doit cesser un jour d'être
» sous l'empire de l'individualisme absolu. »

D'après cela, devons-nous nous étonner aujourd'hui
de voir certains socialistes se faire un marchepied de
la concurrence pour servir, non pas leurs théories,
mais leur coupable ambition?

A peu près dans le même temps où furent écrites les
lignes que je viens de citer, les fabricants de papier
crurent devoir se réunir, se communiquer leur état de
souffrance, et se concerter sur les moyens à prendre
pour arrêter les fâcheux effets de sa marche progressive. Plusieurs moyens furent proposés, entre autres
quelques projets d'association; mais, soit que ces projets
fussent trop étendus et trop difficultueux dans leur réa-
lisation, soit que l'individualisme fût déjà trop profondément invétéré dans nos mœurs, on ne put se réunir,
et nous restâmes plus que jamais livrés à l'influence des
circonstances et au gré des événements à venir. Cependant, à Angoulême, où on s'était le plus opposé à tous
les projets d'association formés antérieurement, on
réussit à établir une association morale.

La spéculation fut un moment sur le point de s'emparer, dans cette contrée, du commerce exclusif des chiffons; les fabricants, effrayés à juste titre, et voyant ainsi
leur avenir menacé, comprirent qu'ils devaient résister
contre cette prétention du monopole. Ils se réunirent, et

formèrent entre eux une société ; ils convinrent qu'une réunion aurait lieu tous les mois, et prirent des mesures telles, que la spéculation échoua complétement : le cours du chiffon, qui, jusqu'à ce moment, avait été constamment en hausse, rentra enfin dans des conditions régulières. Cette organisation empêcha toute nouvelle hausse de peser sur la papeterie.

Ce fut cependant dans ce moment que l'insuffisance du capital, en raison du chiffre élevé de la production, se fit le plus vivement sentir, et que la peur d'un encombrement de produit devint si grande parmi les fabricants, qu'il n'y eut plus de limites dans les concessions comme dans les sacrifices. Le voyageur eut carte blanche, et put se livrer à son aise à cette activité brûlante qui, assez souvent, le caractérise, à faire des placements, où souvent encore, croyant prendre les intérêts de la maison qu'il représente, il ne fait que la conduire à sa ruine.

D'une autre part, le fabricant, pour qui le besoin d'argent se faisait de plus en plus sentir, ne dut-il pas se livrer pieds et poings liés aux commissionnaires, qui ambitionnaient bien plus de porter leur vente à un chiffre d'affaires fort élevé, que de prendre les intérêts de leurs commettants, dont trop souvent ils possédaient la confiance illimitée.

Le voyageur, pour satisfaire son amour-propre, et par excès de zèle pour ses patrons, ne craignit plus d'employer dans cette guerre de placements, la ruse, l'artifice, le mensonge, et même la calomnie ; ni lui, ni le fabricant ne s'occupaient des résultats et des conséquences qui devaient s'ensuivre dans un temps plus ou moins éloigné ; l'un et l'autre marchaient aveuglément *au jour le jour*, et leur seul et unique but était d'écouler cette grande quantité de produits fabriqués, jusqu'à ce que la catastrophe vint les plonger dans l'inaction la plus complète.

Le commissionnaire, de son côté, qui ordinairement fait des avances assez considérables au fabricant sur ses marchandises, dans le but d'accroître ses facilités de travail, se voyant lui-même débordé, écrivait à son déposant : « Je ne puis placer vos produits au prix que » vous me les avez cotés. La concurrence nous envahit... » M... vend ses articles au prix de... M... vient d'ac- » corder telle ou telle concession, ou sur le terme ou » sur l'escompte. Je ne puis garder plus longtemps vos » papiers en magasin ; j'ai besoin de rentrer dans mes » fonds, etc., etc. »

Alors, baisse de prix successive, élargissement des crédits, prolongation du terme, choix moins scrupuleux dans la garantie du débiteur, gêne plus grande dans les négociations, pertes plus fréquentes et plus considérables par le nombre toujours grossissant des faillites ; tous ces éléments de ruine, enfin, remplacèrent les éléments de prospérité.

Ce tableau de notre situation industrielle et commerciale n'est pas exagéré. Que chacun de nous interroge son passé, et il reconnaîtra bientôt que ce n'est pas une fiction, mais bien que trop, hélas ! une réalité, dont nous subissons aujourd'hui les tristes conséquences.

Revenons aux rapports qui ont dû s'établir entre le

fabricant et le commissionnaire. Ce dernier, qui, avant l'établissement des machines, ne traitait habituellement ses achats qu'à forfait, les cessa pour ainsi dire complétement pour ne plus recevoir de produits des fabricants autrement qu'à la commission. En un mot, le marchand en gros devint commissionnaire. Comme marchand en gros, le terme moyen de son bénéfice, pour être en rapport avec ses charges, pouvait être de 8 à 10 °/₀ ; devenu commissionnaire, pour répondre à l'accroissement de production du fabricant, il dut aviser au moyen d'augmenter son chiffre de ventes dans une proportion égale, et, pour y réussir, il dut également abaisser son bénéfice à une simple commission de 3 à 4 °/₀, sans garantie, ou de 5 0/0 avec garantie. Il crut ainsi augmenter proportionnellement le produit de son capital ; mais il eut bientôt à reconnaître son erreur à cet égard ; car ses frais généraux, ses crédits et ses pertes, augmentèrent à un tel point, que le produit du capital fut plutôt moindre, avec un grand chiffre d'affaires, qu'il n'était réellement lorsque la vente était de moitié inférieure.

Tout homme sage eût rétrogradé et fût revenu à son premier système ; mais nous sommes ainsi faits, que notre bonheur dût-il dépendre d'un retour sur nous, nous ne revenons pas sur nos pas, et un précipice dût-il nous attendre au bout de notre route, bien qu'on nous crie : arrête ! nous persévérons jusqu'à ce que nous nous y précipitions nous-mêmes.

Au lieu donc de remédier à cet état de choses par des moyens conséquents, les commissionnaires encouragèrent plus que jamais les fabricants à créer de nouveaux établissements de papeterie ; ils conseillèrent le plus large accroissement de produits, ils les excitèrent sans cesse à faire de nouveaux sacrifices dans les moyens de fabrication. Eux-mêmes mirent sur place commis sur commis ; ils promirent encore de plus grands crédits, accordèrent de plus longs termes et de plus forts escomptes

Les premiers qui donnèrent l'impulsion à cette activité imprudente crurent encore s'assurer un grand succès et une préférence sur leurs confrères ; mais comme ceux-ci usèrent des mêmes moyens, ils se trouvèrent bientôt arrivés tous ensemble au même résultat.

Est-il, au surplus, un système plus faux, plus dangereux, plus anti-social, en effet, que celui qui consiste pour le commerçant à constamment étendre son chiffre d'affaires au détriment, ou du prix de sa marchandise, ou des conditions de la vente, dans cette pensée d'augmenter la somme de bénéfice probable ?

Qu'un fabricant par un procédé nouveau trouve la possibilité de faire produire le double à sa machine sans augmentation de frais, et que, par cet avantage, il baisse le prix de son produit en raison de son prix de revient, cela se conçoit, parce qu'il y a là un véritable progrès dont profite la société par un bon marché réel et une probabilité certaine d'accroissement dans la consommation ; mais qu'un commerçant vende sa marchandise à un prix moins élevé qu'il ne doit le faire, par pur esprit de concurrence, c'est ce que je ne puis ni comprendre ni admettre ; car la consommation en augmente-t-elle le moins du monde? et l'accroissement d'affaires auquel il a visé par un rabais, est-il même réalisable ? Quant à moi, je soutiens que non , et que ce n'est qu'une tentative sans effet, attendu que les consommations assez généralement (sauf l'augmentation progressive, qui est fort lente), sont certainement bornées, pour la plupart, à des limites infranchissables ; du moins je considère la papeterie comme étant de ce nombre.

Qu'un accroissement progressif s'opère, par exemple, par le cumul également progressif du capital, cela se conçoit encore, attendu que cela résulte du progrès des fortunes ; mais quand une somme de consommation ou d'affaire possible, je suppose, est répartie entre dix commerçants, et que quelques-uns prétendent s'emparer de la plus grande part au détriment de leurs confrères , il n'est pas probable que ces derniers se laisseront enlever la part qui leur revient au même titre, au profit du plus petit nombre, et le plus souvent des plus ambitieux.

Il arrive encore que, dans cette pensée toute naturelle de conservation , dès que l'un ou l'autre de ces commerçants opère une baisse ou une concession quelconque, que les dix ensemble l'opèrent à peu près dans le même temps, et qu'en résumé ils arrivent tous à la fois, non pas à cette augmentation d'affaires sur laquelle ils ont compté, mais à une réduction considérable de leur bénéfice probable, qu'ils ont ainsi maladroitement abandonné au consommateur, qui souvent n'en profite pas lui-même, en perdant cet avantage dans ses propres opérations, s'il est commerçant.

Sous le rapport social, l'inconvénient de ce système est-il moins grave ? Non. Car si parmi ces dix commerçants que je viens de poser comme exemple, il s'en trouve un assez hardi, assez ambitieux, qui, par le moyen de ses grands capitaux, *quelquefois par la commandite*, vienne à tenter, par cette puissance de baisse de prix et de réduction de bénéfice, de s'emparer de la plus grande part des affaires existantes ou possibles, qu'arrivera-t-il ? Que les neuf autres subiront un tel préjudice, qu'ils succomberont infailliblement sous le poids de ce monopole de l'ambition. N'est-ce pas retirer à neuf familles honorables une position dont les conditions sociales les rendaient dignes d'un meilleur sort ?

Il y a donc évidemment tyrannie, un véritable monopole dans un tel système, que je considère comme complétement *anti-progressif*, puisqu'il ne tend à rien moins qu'à diminuer toutes les conditions de l'homme intelligent et laborieux au profit des capitaux uniquement, quand déjà notre société a son trop plein par l'accroissement de notre population et le progrès de notre civilisation. N'y a-t-il pas là un véritable danger pour la société ?

On croit peut-être que les commissionnaires durent s'arrêter là ; c'est une erreur.

La baisse de prix devint donc leur point de mire, car il y avait là prise illimitée. Ils ne s'occupèrent aucunement du sort du fabricant et de ses prix de revient.

Il faut écouler, lui écrivait-on. Il y a perte, répondait le fabricant. C'est possible, répliquait-on encore; mais il faut vendre, il faut de toute nécessité réaliser, et si je ne traite pas telle ou telle affaire, mon confrère est tout prêt à la traiter. Et on livrait en effet. Un cours s'établissait sur ces données, et le fabricant se trouvait naturellement entraîné à cette baisse constante qui n'a cessé de peser sur lui.

Par ce système de dépôts, les capitaux du commissionnaire se trouvaient employés en avances sur les marchandises du fabricant, dans le but de lui venir en aide. Dans cette position, que pouvait faire ce dernier, si ce n'est de suivre la volonté de l'acheteur d'abord, et celle de son commissionnaire ensuite? La résignation et les plaintes constantes devenaient sa seule consolation, quand la ruine ne l'atteignait pas.

Donc, si les fabricants eurent le tort de trop entreprendre et de trop produire, les négociants ou les commissionnaires n'eurent-ils pas celui de trop faire, et le chiffre d'affaires en proportion du capital fut-il mieux combiné et mieux observé par ceux-ci? C'est ce que nous allons examiner.

Une maison de papeterie en gros qui, avant 1830, faisait 500,000 francs d'affaires, était une maison de premier ordre; il était en conséquence bien plus facile d'obtenir un capital en rapport avec son chiffre d'affaires. Aussi, rarement y voyait-on survenir des embarras et la gêne; le crédit se trouvait de même employé avec juste mesure, et fort rarement il reposait sur des éventualités. Lorsque, par suite de l'accrois-

sement des produits et de la réduction de nos bénéfices, nous avons dû, pour arriver aux mêmes résultats,
doubler notre chiffre d'affaires, avons-nous songé à
doubler aussi notre capital? Non, sans doute; nous
n'en fîmes rien. La plupart des commissionnaires durent donc faire des efforts pour suffire aux besoins
d'avances envers les fabricants. De cette insuffisance
nouvelle du capital dut découler une nécessité plus
grande d'un prompt écoulement des produits et une
baisse de prix.

Pour nous faire une juste idée de l'insuffisance du
capital qui a dû exister chez la plupart des commissionnaires, posons quelques chiffres.

Prenons pour base une maison opérant sur un million d'affaires, et voyons quelle somme lui est nécessaire pour se conformer à l'usage d'avancer 3/4 sur
les marchandises d'assortiment en magasin, que nous
ne devons pas évaluer à moins de 400,000 francs.

Ceci constitue une avance aux fabri-
cants de . . . . 300,000 fr.

Pour comptes courants et factures non
réglées. 100,000

Valeurs en portefeuille non négociables, en supposant les 2/3 de la vente
à terme à six mois. 150,000

Pour mauvaises créances et autres
avances imprévues. 50,000
____

Total du capital employé. 600,000

Sur cette somme, nous devons déduire un crédit en

valeur d'acceptation de traites tirées à quatre-vingt-dix
jours par le fabricant, soit 250,000 francs; il reste donc
un capital indispensable de 350,000 francs. Mais je dois
faire observer que ce capital serait insuffisant pour les
maisons tenant spécialement les papiers de luxe, comme
aussi pour celles qui vendent ordinairement aux
branches de commerce réglant à 10, 12 et 15 mois de
terme.

On me dira peut-être que les commissionnaires peuvent user plus largement de leur crédit. Sans doute, en
temps prospère; mais qui ne sait à quoi exposent les
longs crédits dans les temps de crise?

D'abord, la nécessité de faire usage du crédit pour
soi-même ne provient que de la nécessité où l'on se
trouve de le faire aux autres. Ensuite, user de son crédit auprès de qui, si ce n'est auprès des banquiers?
Mais ne sait-on pas à quoi on s'expose en se mettant à la
merci de ces dispensateurs de la finance? Ne dépend-on
pas de leurs moindres caprices, et n'est-ce pas flotter
sans cesse entre la vie et la mort? Car, qu'il survienne la
moindre crise comme celles qui se renouvellent pério-
diquement de quatre à cinq années, qu'il survienne
le moindre embarras, se gênent-ils pour choisir justement ce moment-là pour vous refuser tout secours, et
le plus souvent ne vous répondent-ils pas, avec le plus
grand sang-froid du monde : Nous n'avons plus d'argent. En vain vous faites valoir vos anciennes relations, l'importance des affaires qu'ils ont traitées avec
vous, et les bénéfices qu'ils en ont tirés; en vain, vous
leur démontrez le danger auquel leur refus vous ex-

pose et les garanties que vous pouvez leur présenter ;
rien ne les émeut, rien ne les touche, rien ne les
ébranle ; ils restent impassibles dans leur domination.

Ah ! commerçants et industriels, croyez-moi ; défiez-
vous de ces crédits éphémères ; ne vous laissez pas
entraîner par les offres souvent flatteuses que vous
font messieurs les banquiers lorsqu'ils ont besoin de
vos relations ; car vous n'y trouverez, soyez-en convaincus, que déception amère, humiliation et noirs soucis,
si souvent vous n'y trouvez la ruine et le déshonneur.

Pour en revenir aux commissionnaires, est-il en papeterie beaucoup de maisons qui possèdent en raison
de ces besoins de capitaux, une fortune aussi considérable ? s'il y en a, dans tous les cas, elles ne sont pas
nombreuses, et je dirai : bien fou qui s'expose aux éventualités si grandes de notre commerce, et qui se livre
aux tracas, aux soucis, aux inquiétudes qu'il nécessite,
pour n'obtenir le plus souvent que de bien faibles résultats, comme nous allons le voir.

Les commissionnaires proprement dit ne devraient re-
présenter uniquement que le fabricant, et ne traiter que
des affaires importantes avec les commerçants en gros
et demi-gros ; mais que font-ils, pour la plupart, aujourd'hui ? ils se mettent au lieu et place de ces commerçants, en se contentant du bénéfice d'une modique
commission : aussi, écrasés par les frais généraux et
par de nombreuses éventualités, il leur est impossible
de dépasser le résultat suivant :

Une maison opérant ainsi sur un million d'affaires

ne peut avoir moins de 2 et 1/2 $^{0}/_{0}$ de frais

généraux........................ 25,000 fr.

Pertes sur le capital improductif, et autres

éventualités...................... 5,000

Pertes supposables, année moyenne, éva-

luées à 1 et 1/2 $^{0}/_{0}$............... 15,000

Total des charges........ 45,000 fr.

Nous ne pouvons, je pense, estimer le produit des commissions avec garantie, en moyenne, au-delà de 5 $^{0}/_{0}$; par conséquent, c'est 50,000 fr., ou une différence en bénéfice net de 5,000 fr., toutefois, quand il n'y a pas de pertes extraordinaires et de réduction, par les termes et par les escomptes; car si nous supposons la moindre chance de ces éventualités, nous arriverons à une perte réelle.

Sans doute, me dira-t-on, le commissionnaire retire un intérêt avantageux de ses capitaux. Cela se conçoit pour celui qui en a en quantité suffisante; mais celui qui opère sur le crédit a-t-il le même avantage? évidemment non. Dans tous les cas, tout commerçant ne doit-il pas vivre au moins du fruit de son travail, et le fruit de son travail, ne doit-il pas suffire à ses besoins personnels? Eh bien, est-il une maison honorablement placée qui puisse se contenter du résultat qu'obtient le commissionnaire en papeterie? Si donc le commissionnaire est obligé de toucher au revenu des intérêts de son capital pour vivre, autant vaudrait-il qu'il restât dans l'inaction; il vivrait, certes, d'une manière plus heureuse, et surtout plus agréable.

Devons-nous être étonnés maintenant d'avoir vu disparaître dans notre partie tant de brillantes fortunes et des positions qui ont si longtemps paru si dignes d'envie? Nous nous en étonnerons bien moins, si nous voulons nous pénétrer des véritables causes qui ont amené ce résultat si affligeant et si regrettable à la fois. Est-il enfin une partie plus ingrate et plus stérile?

Telle est cependant la position incontestable d'une maison de commission qui dirige loyalement et franchement ses opérations. Est-elle donc de beaucoup préférable à celle du fabricant? Je ne le pense pas.

Si les fabricants eux-mêmes voulaient mieux comprendre leurs véritables intérêts, être plus appréciateurs des charges qui pèsent sur le commissionnaire, ils regarderaient moins qu'ils ne le font pour la plupart à maintenir la commission à la moindre valeur. Car si le commissionnaire retirait un meilleur fruit de ses opérations, leurs relations y gagneraient en moralité; et il n'aurait pas ce besoin toujours pressant de cumuler ses affaires pour parvenir à couvrir ses frais généraux, et par conséquent de pousser à la baisse des papiers pour se créer quelques bénéfices de plus. Si donc les fabricants accordaient une commission plus large et vraiment plus équitable, ils en trouveraient certainement la compensation, et bien au-delà, dans le maintien du cours de leurs produits.

Dès que l'insuffisance de capitaux pour la plupart des fabricants et des commissionaires fut évidente, et que les moyens de la faire disparaître furent complétement paralysés, ce fut alors pour eux le comble des excès de la concurrence ; ni bénéfices , ni prix de revient ne furent plus observés, et le cours des papiers fut entièrement livré aux caprices des événements comme au mauvais vouloir du consommateur. Il suffisait qu'une maison des mieux placées vendît à un prix, pour que les autres tentassent de vendre toujours au-dessous, sans autre calcul que celui de vendre plus vite. La peur de ne pas vendre assez ou assez tôt, ce sentiment vraiment malheureux, toujours exagéré dans toutes nos industries, n'a cessé de dominer chez nous tous les esprits, et personne n'eut le courage de tenter franchement les moyens d'échapper à cette domination si funeste et si dangereuse. Comment qualifier ce dédale industriel et commercial sans y voir la source d'une crise imminente et redoutable, dans un temps plus ou moins éloigné? Cette crise n'est-elle pas celle dans laquelle la révolution de février vient de nous plonger, et pouvait-il en être autrement?

Cette concurrence désordonnée ne sévit pas moins avec toutes ses rigueurs, dans toutes les fournitures par soumission qui furent proposées par les administrations du Gouvernement, et à l'imprimerie nationale, particuculièrement, nous avons vu chaque année s'opérer une baisse de prix incroyable et désespérante, baisse enfin dont les prix adjugés se trouvaient toujours inférieurs aux prix de revient. Depuis dix années au surplus, avons-nous vu un seul fournisseur retirer quelque fruit de son adjudication? Non, aucun ne prospéra, et un grand nombre n'y trouvèrent que la ruine. Il y a dans ce fait quelque chose de triste et de pénible à la fois,

de penser que tant d'industriels et commerçants atta-
chent un tel prix à traiter des affaires qui ne donnent
que des pertes positives et incontestables.

Ce principe de soumission, qui, n'étant pratiqué que
par des hommes sans expérience, sans calcul et sans
raison, ne peut certainement être avantageux pour les
administrations du Gouvernement, n'est donc devenu
incontestablement qu'une source de faux calculs, d'erreurs et de fraudes; et n'est-ce pas désespérant, en effet,
de penser que la plus grande partie des fournitures du
Gouvernement, et par conséquent la plus grande partie
de la consommation, soit non-seulement sans résultat
pour l'industrie, mais encore une cause de ruine? A
qui la faute? si ce n'est aux industriels et aux commerçants, que nous devons considérer, en pareil cas, comme
coupables d'une telle aberration d'esprit.

La perturbation qui n'a cessé d'exister depuis quelques années sur le cours du prix des papiers est donc
un fait matériellement incontestable aujourd'hui. Il ne
peut être d'autant moins mis en doute, que la position
actuelle de la papeterie ne permet plus malheureusement d'en méconnaître l'exactitude. J'examinerai s'il
n'y avait aucun moyen de l'éviter, et s'il est possible
encore de faire cesser un état de choses aussi pénible
que déplorable. Mais, maintenant que je crois avoir
suffisamment fait connaître les excès de cette concurrence égoïste et oppressive qui a tant pesé sur notre
industrie, voyons donc de quelle manière la papeterie
a fait usage du crédit dans les conditions de la vente.

CHAPITRE V.

—

J'ai déjà dit que, quelques années avant l'établissement des machines, les conditions de la vente étaient généralement établies sur un terme de crédit de quatre mois au plus. C'était celui que les fabricants obtenaient de leurs fournisseurs, et rien n'était plus rationnel qu'ils accordassent la même faveur à leurs commettants.

L'insuffisance du capital dont je viens de parler à l'égard du fabricant, a dû nécessiter de sa part le maintien de cette condition vis-à-vis de son commissionnaire ou de son représentant. Sous ce rapport, le crédit est donc resté dans un ordre de raison et d'équité.

Mais qu'ont fait cependant quelques fabricants, la plupart des commissionnaires et marchands en gros vis-à-vis de l'acheteur, négociant, détaillant ou consommateur ? Ils ont d'abord accordé le terme de six mois, puis ils l'ont porté à huit, puis enfin ils l'ont fait arriver jusqu'à dix mois.

Ce n'est pas tout; le temps est arrivé où les libraires éditeurs particulièrement, les imprimeurs, les fabricants de papiers peints n'ont plus réglé leurs achats de papiers qu'à dix, douze et quinze mois d'échéance ; j'ai même vu certaines opérations en librairie traitées à dix-huit mois.

Comment qualifier de telles faiblesses? désorganisation la plus ridicule qu'on puisse voir dans le crédit de circulation !

Existe-t-il une autre industrie et un autre commerce où puissent être commis de semblables abus? En vain voudrait-on les justifier, en vain essaierait-on d'en expliquer l'utilité?

Quiconque a quelques principes de commerce, quelques notions des bases fondamentales du crédit, ne peut admettre la moindre raison comme justifiable d'un fait peut-être unique dans nos annales du commerce et de l'industrie.

Quelle nécessité, au surplus, pour la papeterie de se lancer dans cette voie si compromettante, et dont les résultats furent toujours si funestes ?

On objectera encore le besoin d'écoulement de produits, comme si la consommation dépendait des individus isolément, et non des masses, par la création des idées, et de tant d'autres nécessités émanant des besoins de la société en général. On objectera l'amour des grandes affaires, comme si le succès d'une maison de commerce ne reposait pas sur une gestion d'ordre et de calculs sages, plutôt que sur des opérations considérables, desquelles il ne découle que gêne et embarras, et dont les résultats sont toujours incertains et dangereux. On objectera, enfin, la peur de perdre une affaire et la crainte de la laisser à son voisin, comme si, parce qu'il plaît à un commerçant incapable et maladroit d'agir d'une manière légère et imprudente, et de risquer sa fortune, son avenir et sa considération, tous les commerçants doivent agir de même. Est-il, au surplus, une marchandise de plus d'utilité, de plus de nécessité que le papier, et pourrait-on croire que sans ces conditions aussi imprudentes qu'exagérées, la consommation n'en eût pas été absolument la même ?

Il est résulté de ces crédits imprudents, que le capital du fabricant de papier et du commissionnaire étant déjà de beaucoup inférieur au chiffre de production et d'affaires, l'un et l'autre éprouvèrent d'immenses embarras dans leurs négociations, et que, pour la plupart des maisons, les affaires, dans les principales branches de consommation, devinrent complétement impraticables; que le fabricant et le commissionnaire devinrent fournisseurs et commanditaires à la fois d'une quantité d'entreprises dont les garanties reposaient sur la simple signature d'un homme presque toujours sans fortune ou sans capitaux, quelquefois sans capacité commerciale, et dont les opérations n'avaient, le plus souvent, d'autres chances de succès que dans son imagination aventureuse; car l'homme aisé, ayant une bonne position, eût-il été dans cette nécessité de réclamer d'aussi longs crédits ?

Les fabricants et commissionnaires ne devinrent-ils pas les commanditaires d'une quantité d'individus

également sans aucun capital, ne fondant leurs établissements que sur le crédit, et ne risquant que l'argent
du fournisseur? Ceci n'est pas rare, et je pourrais en
citer beaucoup qui se sont ainsi établis sans avoir le
premier sou, et qui, presque tous, ont fini par une
suspension d'abord, et la faillite ensuite, tout en ayant
porté de grands préjudices aux bonnes maisons.

Enfin, le fabricant et le négociant ayant déjà augmenté de moitié leurs chances de pertes par leur chiffre d'affaires, accru du double, sans augmentation de
bénéfices, les accrurent encore par les crédits d'un an,
terme moyen, trois fois de plus, lorsque le terme n'était
que de quatre mois.

Comme les garanties des débiteurs sont, d'habitude,
légèrement examinées ; comme ce faux système des
grandes affaires à tout prix s'est communiqué du producteur au négociant, du négociant au détaillant, et
du détaillant au consommateur, les faillites durent
augmenter dans une proportion effrayante.

Si nous consultions les registres du tribunal de commerce, si nous cherchions les causes du plus grand
nombre des faillites, nous finirions par nous convaincre
que presque toutes n'ont eu d'autres causes que l'insuffisance des capitaux dans la formation des établissements, dans les excès d'imprudentes spéculations,
dans ces excès mal appréciés de la production, dans la
multiplicité des affaires à trop petit bénéfice, dans ces
abus immenses d'une concurrence mal raisonnée, sans
principes, ambitieuse, jalouse, égoïste, dans ces abus
immodérés des crédits sans limites, dans ces abus

d'une confiance aveugle, qui ont fait naître le désordre, la gêne, les embarras, la ruse, la fraude, la mauvaise foi, et même jusqu'à la friponnerie ; enfin, ce qui passe dans les mœurs commerciales pour des habitudes tout ordinaires et toutes naturelles. O siècle des lumières et de progrès, est-ce là ce que nous devions attendre de toi ?

M. Thiers disait un jour dans un éloquent discours :
« Les plus mauvais commerces sont ceux où la vente
» et les achats se font à long terme : aussi, si vous
» voulez conserver la sécurité à la Banque et au com-
» merce lui-même, n'étendez pas l'échéance des va-
» leurs remises à l'escompte. »

M. Thiers avait tellement raison, que si le terme de l'escompte eût été changé, la banque de France n'existerait plus à l'heure qu'il est, et Dieu sait ce qu'il en serait résulté pour le commerce.

Donc, si la Banque n'a conservé son existence qu'à grand'peine, par ses limites de crédit à 90 jours et l'acceptation de valeurs à trois signatures, comment aurions-nous quelque sécurité en accordant à nos clients un crédit d'un an sur une signature seulement ?

Mais, me dira-t-on, rien n'oblige le fabricant à vendre à ces maisons qui règlent à de si longues échéances ; il y en a bien d'autres qui règlent à plus court terme ou qui payent comptant. Cela est vrai ; mais ces maisons profitent de leur position avantageuse et exceptionnelle pour imposer des prix et des escomptes de manière à ne laisser au vendeur (passez-moi l'expression) que les yeux pour pleurer et de l'eau à boire, surtout si celui-ci a le malheur de laisser entrevoir qu'il a besoin d'argent.

En Angleterre et aux États-Unis, qui sont les deux pays du monde les plus avancés en commerce et en industrie, le terme de crédit en usage ne dépasse jamais trois mois; en France même, les branches de commerce les plus importantes, telles que les métaux, les laines, les étoffes de tous genres, les denrées coloniales et bien d'autres parties ne règlent pas autrement. Cette limite du crédit est, au surplus, la conséquence toute naturelle du haut chiffre d'affaires qui s'y traitent, et en raison des petits bénéfices obtenus. Eh bien! en papeterie, nous avons fait tout le contraire, et au fur et à mesure que notre chiffre d'affaires a augmenté, et que notre bénéfice a diminué, nous avons étendu nos crédits, et par conséquent, nos difficultés et nos chances de pertes. Est-ce là le résultat que l'on devait attendre de tant de progrès, est-ce là le résultat d'une expérience sensée? Non, certainement; c'est encore le fruit d'une inertie incroyable.

La consommation du papier en est-elle devenue plus considérable, et avons-nous pour cela réussi à atteindre un chiffre de vente bien plus élevé? non, certainement, puisque toutes les maisons ont suivi à la fois ce fâcheux système.

J'ai déjà démontré, par suite du terme de six mois, terme déjà trop long, quelle somme de valeurs devait exister en portefeuille pour le fabricant possédant deux machines, en admettant la possibilité de négocier ces mêmes valeurs à trois mois seulement.

Maintenant, en supposant, comme cela existe dans beaucoup de maisons, que la vente à crédit s'élève aux deux tiers du chiffre d'affaires, savez-vous à quelle somme peuvent s'élever, pour le fabricant, en vendant à un an (terme moyen), et le découvert, et les valeurs en portefeuille? Le découvert peut s'élever à 570,000 fr., et le portefeuille à 425,000 fr. Pour le commissionnaire opérant sur 1 million d'affaires, le découvert peut s'élever à 666,000 fr., et le portefeuille à 500,000 fr.

En y réfléchissant un peu, existe-t-il une seule maison en papeterie qui puisse soutenir une telle position? Non, il n'en existe pas, j'en suis convaincu, et il n'en existera probablement de longtemps, à moins que les négociations puissent se faire au-delà de quatre-vingt-dix jours.

De même, pour les maisons qui traitent les affaires en province, aujourd'hui qu'aucune maison, telle bien placée qu'elle soit, ne pourra négocier son papier à plus de trente jours, sera-t-il possible à la papeterie d'accorder six mois de crédit pour garder les traites cinq mois en portefeuille ? Non, certainement; ou s'il en est qui soient assez imprudentes et assez inconséquentes pour le faire, et ne pas réduire le crédit de deux mois au moins, ce ne sera pas sans courir les risques de compromettre leurs intérêts, leur crédit, leur position enfin ; du moins, telle est encore ma profonde conviction.

Ne devons-nous pas classer l'escompte parmi les nombreux abus qui se sont introduits dans les rapports commerciaux de la papeterie? D'abord que veut dire escompte? sinon la compensation du crédit en usage dans un commerce quelconque. Beaucoup de gens ne le comprennent pas ainsi. L'acheteur qui a cette faculté d'escompter, c'est-à-dire de payer au comptant, doit naturellement tirer un avantage pour l'avance de ses capitaux, plus grand que dans un placement ordinaire. Anciennement que le crédit était de quatre mois, l'escompte se faisait à 3 %; et comme le paiement s'effectuait à peu près à un mois de la vente, c'était un intérêt de 12 % environ par an. Bien que ce soit un fort intérêt qui pèse toujours sur le producteur, il était cependant rationnel de procéder ainsi.

Un peu avant 1830, quelques maisons, dans le but de s'attacher une plus nombreuse clientèle, commencèrent à accorder 4 %; il y en eut même qui accordèrent en plus un compte courant de trois mois; et pour éviter cet inconvénient fort grave qui nécessite d'immenses capitaux, quelque temps après l'escompte passa à 5 %. Cet escompte est donc resté en usage jusqu'aujourd'hui.

Mais une chose qui me paraît fort extraordinaire, c'est qu'en ce moment que la force des événements (car ce n'est toujours que par la puissance du destin que nous arrivons à la raison) nous impose la nécessité de réduire le crédit à quatre mois de terme, que nous soyons assez faibles et assez mauvais commerçants pour offrir encore 2 % de remise en sus. Cette concession est véritablement dérisoire et ridicule, et peut-être sans exemple dans le commerce; il n'y a, en vérité, que la papeterie qui ne sache prendre aucune mesure d'ordre et d'amélioration.

Pourquoi, puisque nous réduisons le terme à quatre

mois, ne pas le faire sans aucune remise, et réduire l'escompte pour le comptant à 3 °/₀? Cela ne ferait-il pas encore pour l'acheteur un placement de fonds à 12 °/₀ par an? Au moins le fabricant y gagnerait 2 °/₀. Mais, me dira-t-on, 2 °/₀ pour le fabricant sont une misère, une bagatelle. Sans doute, une bagatelle qui ne fait pas moins de 8,000 fr. par année et par machine, et qui s'élève par conséquent à 32,000 fr. pour celui qui en a quatre.

L'acheteur, assez habituellement, ne s'occupe aucunement du fabricant. Lui qui supporte des impôts considérables, qui est écrasé par des intérêts ruineux ; lui qui fait vivre plusieurs centaines de travailleurs, et à qui une augmentation de salaire va être imposée ; lui dont l'établissement a subi une dépréciation de plus de 50 °/₀ et dont les produits ne s'écoulent souvent qu'avec perte, qu'a-t-il besoin de 2 °/₀? Ne vaut-il pas mieux que le marchand en profite pour en faire jouir le consommateur et aider à soutenir la concurrence du fort contre le faible? Singulier raisonnement, en vérité, qui ne tend à rien moins qu'à ruiner complétement notre industrie.

L'acheteur ne comprend pas davantage, au surplus, la position du commissionnaire. Pour le commissionnaire qui, presque toujours, a des conditions fixes avec le fabricant, l'acheteur pense que c'est une misère quand il déduit les centimes, qui font encore quelques mille francs à la fin de l'année ; il pense que c'est une misère que de retarder un payement de un ou deux mois, quand cela fait une réduction de 1/2 à

1 °/₀. Pourquoi croit-il ainsi que cette réduction est à peu près insignifiante? C'est qu'il ne veut pas admettre que 1 2 et 1 °/₀ soient, comme je l'ai déjà démontré, le seul bénéfice du commissionnaire, qui se trouve alors avoir fait une masse d'affaires sans aucun résultat chaque fois que les exigences de l'acheteur le portent à la moindre concession.

Le système des grandes affaires par la réduction et la modicité du bénéfice est donc bien loin d'être encore compris en papeterie. S'il ne l'est par ceux-là mêmes qui l'ont mis en usage et qui le pratiquent, comment le serait-il par ceux qui en profitent, c'est-à-dire le consommateur et l'acheteur intermédiaire? Peut-il en être autrement pour ces derniers qui n'opèrent que sur un chiffre de vente fort minime et dont les bénéfices ne doivent pas être moindres de 20 à 30 °/₀? Non, car ils ne peuvent et ne veulent pas croire qu'en raison du haut chiffre de vente du fabricant et du commissionnaire, ceux-ci peuvent se contenter de 1/2, de 1 ou 2 °/₀ de bénéfice. C'est donc pour cela qu'ils sont loin de croire à l'importance du tort qu'ils nous causent, quand ils nous font une réduction de prix ou qu'ils obtiennent une concession sur les usages de payement, ce dont ils se font presque toujours un mérite de capacité, quand ils ne commettent qu'un acte d'injustice et qu'ils manquent à la bonne foi.

Avant de terminer, il est un fait tout nouveau sur lequel je ne puis taire mon opinion.

Depuis la révolution de Février, chacun sait que la consommation du papier-journal a pris une extension vraiment extraordinaire ; chacun sait aussi que cette fabrication ne convient qu'aux fabriques près de Paris, et que par conséquent la fabrication en est limitée ; on sait encore que, dans tous les temps, les fabricants qui se sont adonnés à ce genre de fabrication n'en ont retiré aucun bénéfice, et que beaucoup même y ont succombé. Eh bien, pouvait-il se présenter une meilleure occasion pour relever le prix désastreux de cet article ? Car, quelle consommation est plus urgente et plus indispensable ? Le papier à journal suffit à peine ; une appréhension d'en manquer existe sur la place ; la matière première (comme cela devait être prévu) augmente, et les fabricants de papier, au lieu d'élever le prix de leurs produits, l'ont, au contraire abaissé de 10 °/₀ environ. En vérité, cela ne se conçoit pas ; c'est un fait inouï, une véritable monstruosité industrielle et commerciale, et je ne pense pas que cela existe dans d'autres parties que la nôtre.

Mais où voulez-vous donc en venir, messieurs les fabricants de papier ? Qu'espérez-vous de l'avenir ? Qu'attendez-vous de votre industrie ? Ne comprendrez-vous vos intérêts, ne voudrez-vous les défendre que quand vous serez tombés dans le précipice que vous vous préparez vous-mêmes ? Ne trouverez-vous donc point la force, même dans l'expérience du malheur, de vous arrêter à temps sur cette pente si rapide qui vous conduit droit à un abîme. Ah ! prenez-y garde, celui qui a déjà perdu une partie de ses membres doit avoir bien peur de tomber dans l'impuissance de ne pouvoir plus marcher le reste de ses jours.

O fabricants de papiers et négociants, mes chers confrères, quand donc voudrons-nous faire abnégation de cette ambition d'entreprendre au-dessus de nos forces?

Quand donc voudrons-nous comprendre que cet amour-propre de produire toujours et quand même nous égare, et qu'il est des principes dans les productions que nous ne devons pas enfreindre sans danger pour nous-mêmes?

Quand donc comprendrons-nous qu'il est certaines phases, dans le cours de la consommation, contre lesquelles nous devons avoir la raison de nous incliner?

Quand donc cesserons-nous d'être des concurrents ennemis pour n'être que des concurrents rivaux?

Quand donc comprendrons-nous que l'isolement fait notre faiblesse, et que l'union ferait notre force en nous assurant l'avenir?

Quand donc la concurrence ne nous apparaîtra-t-elle plus comme une ennemie qui veille sans cesse à nos portes, et ne la considérerons-nous plus comme un brandon de discorde invincible et perpétuelle et comme un monstre qu'il faut plutôt étouffer *que convertir?*

Quand donc l'expérience sera-t-elle pour nous un guide sûr et fidèle?

Quand donc la prudence ne sera-t-elle plus pour nous une fiction et non une réalité impossible?

Ah! si jamais nous parvenons à nous éclairer de ces vérités, de ces seules espérances d'avenir; alors, en assurant notre bonheur, notre prospérité contribuera à augmenter la prospérité générale; alors nous pourrons aider l'ouvrier à supporter le fardeau que lui a légué la Providence; alors nous pourrons soulager le pauvre dans sa détresse, et nous verrons enfin disparaître ces plaies hideuses de la société : la ruine, le déshonneur, la faillite en un mot.

CHAPITRE VI.

———

Avant la révolution de février nous était-il possible
d'espérer quelques améliorations dans cet état moral
de notre commerce et de notre industrie? Avec le temps
oui; par la raison, non. Ce n'est donc qu'avec une
profonde douleur que je crois devoir convenir qu'aucun raisonnement ne peut désormais changer cet état
de nos esprits, ni en arracher ces fausses théories qui y
sont maintenant inoculées, à moins que le malheur ne
ne nous fasse reconnaître nos fautes et nos erreurs, et
ne nous conduise vers un meilleur avenir.

Néanmoins, comme souvent les souffrances rappro-
chent les hommes et les éclairent, longtemps j'ai eu l'espoir que les fabricants de papiers comprendraient enfin
leurs intérêts et qu'ils parviendraient à suivre une route
plus sûre. Longtemps j'ai espéré qu'ils fonderaient quel-

ques associations, non pas comme celles que prêchent nos grands socialistes du jour, mais des associations purement morales dans le genre des chambres syndicales, qui déjà sont instituées dans plusieurs de nos corporations, ou encore des jurandes, qui autrefois soutinrent les industries de ces temps si loin de nous. Mais aujourd'hui je ne l'avoue qu'avec un profond regret, comment espérer allier ces principes de fraternité avec les intérêts matériels, quand l'individualisme est plus que jamais invétéré dans nos cœurs, l'individualisme qui est le mobile de tous nos sentiments et de toutes nos actions? Ce n'est pas parce que nous avons une révolution de plus que nous pouvons croire à la guérison de cette plaie de la société; non, car selon moi, elle n'en est que bien plus profonde et plus difficile à guérir.

Combien sous ce rapport nous sommes loin des Anglais! Y a-t-il chez eux excès de production dans leurs industries; y a-t-il danger pour eux de voir descendre leurs prix de vente au-dessous du prix de revient: immédiatement ils s'assemblent et prennent un parti. Sur une simple parole donnée, ils réduisent leur production et relèvent ainsi sans difficulté le cours de leurs produits. Jamais d'infraction à leur parole, qu'ils tiennent comme s'ils avaient signé des dédits les plus considérables.

Les fabricants de papiers anglais n'ont-ils pas aussi supprimé depuis longtemps le travail de nuit, des fêtes et dimanches! Ils l'ont supprimé d'abord dans le but de ne pas produire au-delà des besoins de la consommation, ensuite parce qu'ils sont convaincus que le travail de nuit leur est plus onéreux qu'avantageux.

Sans ces sages mesures, l'industrie de la papeterie anglaise eût déjà succombé vingt fois sous le poids de son immense production. Aussi chez eux cette industrie prospère, chez nous elle décroît et périt tous les jours.

Pourquoi donc les fabricants de papier en France ne se réunissent-ils pas à Paris une ou deux fois dans l'année en congrès général? Pourquoi dans chaque centre de production, n'ont-ils pas un lieu pour s'y réunir au moins une fois par mois? Là, ils pourraient s'éclairer mutuellement sur leurs intérêts communs, aviser aux moyens à prendre sur les questions d'améliorations, et à se défendre contre les attaques de la cupidité, du mensonge et de l'artifice. Là, ils discuteraient sur le cours de leurs produits, comme sur celui des matières premières, et ils pourraient au moins établir des prix de revient *infranchissables*. Là, ils s'éclaireraient sur le plus ou moins de production, comme aussi ils apprécieraient à leur juste valeur les besoins de la consommation. Là, ils s'entendraient sur le crédit, comme sur les autres conditions usuelles de la vente, et ils distingueraient le commerçant honnête et intelligent du fripon et de l'incapable. Là, enfin, ils se rendraient un compte fidèle de la gestion de leurs mandataires, et ils sauraient s'ils sont toujours dignes de la confiance dont ils les ont investis.

Pourquoi cela n'existe pas? Faut-il donc l'avouer?

C'est que la foi n'existe pas en nous-mêmes;

C'est que notre présomption nous aveugle au plus haut degré ;

C'est que notre amour-propre et notre ambition nous égarent.

N'ai-je pas déjà dit, au surplus, que tous les essais tentés en papeterie dans ce but, n'ont pu réussir. N'espérons donc pas faire adopter chez nous aucun principe d'association. En vérité, nous sommes trop loin de comprendre ces principes de fraternité, dont, du reste, notre République n'est encore qu'une parodie. Que nous sommes loin de comprendre également qu'en matière commerciale l'union ferait notre prospérité, comme la paix constitue la prospérité des peuples.

Ah ! que ceux que les théories chimériques et fantastiques égarent à ce point de croire qu'il suffit d'émettre telles ou telles utopies pour rendre les hommes heureux, connaissent peu l'état actuel de la société et le cœur humain ! S'ils les connaissaient mieux, ou du moins si tel était leur but, ils verraient combien il est difficile de faire comprendre aux hommes leurs véritables intérêts et de les conduire dans le sentier étroit de la vérité que leur bon sens leur fait entrevoir, mais où la raison ne peut les maintenir. Si nous en jugeons par tout le papier que produisent nos machines pour servir à les éclairer, comme à les induire en erreur, nous devons désespérer de les voir jamais heureux et satisfaits.

Mais je n'insiste pas plus longtemps sur ces questions purement sociales, et je les laisse traiter par des hommes plus instruits et plus éclairés que moi ; seulement qu'il me soit permis d'émettre cette opinion, que les réformes, dans nos mœurs sociales et commerciales, quelles qu'elles soient, ne peuvent être positiment que l'œuvre du temps et de l'expérience.

Dans le désir de voir s'améliorer la position de notre industrie, nous avons souvent réclamé de nouveaux débouchés à l'extérieur; mais nous sommes-nous préoccupés le moins du monde des difficultés ou des obstacles à vaincre pour les obtenir? Dans tous les cas, où donc les trouver, ces débouchés nouveaux? Quand nos exportations, de 4 millions qu'elles étaient en 1829, se sont élevées à 21 millions en 1842, était-il supposable que cet accroissement dût toujours s'élever dans cette même proportion, que nous devons à cette transition que nous avons obtenue par l'adoption dans nos fabriques du système des machines? Non; il n'était pas raisonnable de concevoir une espérance aussi chimérique. Au surplus le monde entier, pour ainsi dire, n'est-il pas exploré commercialement par les Anglais et par nous-mêmes, et plusieurs marchés étrangers n'ont-ils pas eu aussi leur encombrement de marchandises?

D'une autre part, les nations les plus voisines de la France, qui autrefois tiraient de nos papiers, n'ont-elles pas également fait d'immenses progrès, et ne sont-elles pas arrivées à se passer de nos produits, comme nous sommes parvenus à nous passer de ceux de la Hollande et de l'Angleterre? Ainsi la Belgique, la Suisse, l'Italie, la Prusse, l'Allemagne, l'Espagne, la Russie elle-même, ne possèdent-elles pas des machines à papier dont les produits rivalisent, à quelque chose près, avec nos qualités? La plupart de ces machines sont, au reste, dirigées par de nos compatriotes qui, victimes en France de nos abus et de la concurrence, sont allés chercher un refuge et tenter la fortune dans ces divers pays, en y portant nos procédés, fruit de nos veilles et de notre expérience.

Ce n'était ni dans nos dernières années, ni à présent, que nous devions apprécier cette conséquence toute naturelle de la paix du monde et de sa civilisation. Il y a dix ans que nous aurions dû nous en préoccuper, et la prévoir par plus de prudence que nous n'en avons mis dans nos entreprises.

Il est peu d'entre nous qui n'aient pas compté encore sur un accroissement de consommation de papier à l'intérieur; mais s'il y eu un accroissement, peut-il en être autrement qu'il ne s'opère que bien lentement, car ne s'est-il pas élevé en dix années (de 1832 à 1842) à *quatre fois* ce qu'était la consommation avant 1830? Et pouvions-nous encore en espérer la continution dans une même proportion? Non sans doute. Que pouvions-nous donc désirer de plus? Si nous n'en avons pas profité, n'est-ce pas véritablement notre faute, et est-il juste d'en déverser le blâme ailleurs, quand c'est positivement nous-mêmes qui avons fait notre mal, et quand nous n'avons su ni le prévoir ni l'éviter?

Maintenant, hélas! où en sommes-nous? Quelle est notre position? Quel est notre avenir? Ne sommes-nous pas dans cet abîme que nous nous sommes préparé, et quels moyens nous restent-ils pour nous en sortir? Depuis le 22 février, que sont devenues nos exportations? Qu'est devenue notre consommation intérieure? Qu'est

devenu notre crédit? Quelle valeur reste-t-il à nos établissements? La plupart de nos travaux ne sont-ils pas
suspendus? Nos nombreux ouvriers ne sont-ils pas sans
travail et exposés à toutes les horreurs de la misère?
Ah! si nous avions mieux profité de toutes ces années
que nous avons laissées perdre, n'aurions-nous pas de
quoi résister à ce fléau des révolutions qui nous pa-
ralyse et nous ruine aujourd'hui? Ne pourrions-nous
pas sans nos fautes et nos erreurs, aider encore ces
malheureux dans leur détresse? Mais quoi! que nous
reste-t-il? un crédit à éteindre qui nous accable, et de
grands établissements dans l'inactivité. Voilà quelle
est notre position contre laquelle tous nos regrets, tous
nos vœux, tous nos efforts, restent aujourd'hui dans
l'impuissance la plus complète.

Bien des personnes cependant, en voyant surgir cette
multitude de journaux et les murs de Paris couverts
de ces innombrables affiches, pensent que la fabrication des papiers ne doit pas souffrir des événements
de Février; malheureusement, c'est une erreur, car la
publicité actuelle n'emploie guère que le quinzième de
la production du papier. En conséquence, il n'y a
point à mettre en doute que la consommation générale,
terme moyen, n'ait au moins diminué de 50 $^{o}/_{o}$ sur ce
qu'elle était avant le 22 février.

En présence de tels événements, d'une révolution
aussi désastreuse, en présence d'une diminution aussi
importante dans la consommation, les fabricants de
papiers ont-ils cherché à se voir, à se réunir, à s'entr'aider? Ont-ils cherché à s'entendre de manière à

prendre tous d'égales mesures pour résister à une crise aussi pénible que désastreuse? Non... rien... Quelques-uns seulement ont eu la raison de diminuer leur production, mais la plupart persistent à produire malgré tout et contre tout. Ceux-là comptent plus que jamais trouver quelque force dans leur isolement. Ont-ils raison, ont-ils tort? C'est ce que le temps seul nous apprendra.

Serions-nous donc comme cette barque flottante au gré d'une terrible tempête, que la charge met en danger, et dont le salut ne dépend que du sacrifice d'une partie de l'équipage qui la monte? Ah! s'il en est ainsi, prenons-y garde; car la tempête pourrait bien nous engloutir tous, avant que cette espérance de salut pût se réaliser.

Persister à produire toujours et quand même, quand la librairie et l'imprimerie ont perdu toute leur vie et toute leur activité, quand la fabrication des papiers peints a complétement fermé ses ateliers, quand toutes nos maisons de banque ont suspendu leurs opérations, quand la plupart de nos administrations ont diminué leurs consommations les plus usuelles, et que les trois quarts de nos commerces et de nos industries sont ruinés et presque anéantis, quand, enfin, la consommation de nos papiers de luxe a complétement disparu, mais n'est-ce pas lutter contre le torrent, n'est-ce pas résister vainement contre la force des événements?

Eh quoi! est-ce sur nos institutions républicaines que vous fondez quelque espoir d'avenir? Erreur, vaine espérance; car les institutions républicaines ne

tendent à rien moins qu'à diminuer nos consommations. Ne voyez - vous pas ce qu'elles ont produit
jusqu'à présent? D'ailleurs, pouvons-nous espérer
que la République amènera ce même développement
dans l'instruction, ce même accroissement dans
notre commerce, les même progrès dans nos industries que nous a donné le dernier règne? Oh! n'y
comptez pas; car, en 1830, tout était à faire; aujour-
d'hui, tout n'est plus qu'à refaire.

Est-ce encore avec des préoccupations politiques
continuelles que nous pouvons avoir confiance dans
l'avenir, que nous pouvons espérer le rétablissement
du crédit, la circulation des capitaux? Est-ce en abaissant toutes les conditions de la société, en supprimant
de nombreux emplois, que nous étendrons la fortune
privée? Est-ce en abaissant la valeur des propriétés, en
nivelant les fortunes, en faisant disparaître tous les éléments du luxe, que nous agrandirons nos consommations, que nous donnerons de la vie à nos usines et du
travail à tous ceux qui en manquent? Non, je ne le
pense pas.

Si la privation devient une nécessité pour toutes les
positions, pour toutes les familles, si les journaux suf-
fisent à nos loisirs instructifs, à quoi bon des libraires,
des éditeurs, et cette quantité innombrable de livres
qui encombrent leurs magasins?

Sans élément de consommation, sans son accroissement progressif, à quoi bon toutes nos réformes, à
quoi bon s'occuper de l'organisation du travail et des
moyens de produire? A quoi bon nos importantes usi-

nes et nos belles machines? Croyez-moi, messieurs les régénérateurs de la société, si vous aviez véritablement voulu prendre l'intérêt de cette immense population, laborieuse et intelligente, à qui vous n'avez apporté que ruine et douleur; si vous aviez voulu sincèrement améliorer le sort de cette classe nombreuse que vous avez égarée pour ne la faire vivre que d'aumônes, vous vous seriez bien plus occupés de la consommation de nos produits et de leur faciliter l'écoulement avant d'appliquer vos utopies sans fondement et sans réalité; vous auriez compris que là où il n'y a point de consommateurs, il ne peut y avoir de producteurs; et qu'avant de construire, il faut nécessairement des matériaux propres à la construction.

Mais vous, nos gouvernants, qui que vous soyez, si vous voulez ramener quelque activité et le travail dans la papeterie; si vous voulez arrêter notre ruine sur la pente où vous l'avez placée, si vous voulez que nos fabriques ne deviennent bientôt désertes et qu'elles ne tombent incessamment en ruines; si vous voulez donner du pain à cette quantité d'ouvriers que la papeterie et la librairie font vivre, hâtez-vous de faciliter nos débouchés à l'extérieur, d'accroitre notre consommation à l'intérieur, de favoriser les arts, d'encourager la littérature; hâtez-vous de nous accorder la réforme postale, de ne plus faire des soumissions une spéculation ruineuse pour notre commerce, et réprimez au plus vite les abus de la commandite dans les industries privées. Alors nous vous serons reconnaissants de tant de bienfaits; alors nous vous apporterons sans regrets le tribut de nos impôts; alors vous améliorerez positivement le sort de nos travailleurs, et vous leur assurerez ainsi l'avenir, de même que vous assurerez la paix dans le pays.

Mais, fabricants de papiers, devons-nous compter que nos hommes d'Etat daigneront s'occuper ainsi de nos intérêts et de notre avenir? Hélas! n'y comptons pas. Ils ont bien d'autres choses à faire. Si nous sommes dans l'abîme, n'espérons donc qu'en nous-mêmes pour nous en tirer. Avec notre expérience nous le pouvons. Mais hâtons-nous; car ce n'est plus seulement la concurrence que nous avons à combattre, c'est l'adversité même qui nous menace dans notre fortune et dans notre avenir.

Pour atteindre ce but, que nous reste-t-il à faire? Ici je devrais m'abstenir d'émettre des principes qui, j'en suis certain, ne seront ni goûtés ni suivis; mais n'importe! Puisque j'ai écrit toutes mes pensées, quoi qu'il arrive, je vais oser émettre encore une dernière opinion.

Selon moi, pour la papeterie il n'y a pas deux mesures à prendre, il n'y a point deux moyens de sortir de ses embarras. Qu'a fait d'abord la révolution de Février, si ce n'est de reculer la civilisation, et de dérober à notre avenir et à notre félicité dix, vingt années peut-être. Suivre la civilisation rétroactive est donc notre seul salut; en conséquence, aujourd'hui, ne craignons pas de rétrograder, et pénétrons-nous bien que dans de telles circonstances, reculer c'est avancer. Revenons donc à notre point de départ.

Réduisons notre production en rapport avec notre capital et avec la consommation.

Faisons tendre tous nos efforts à faire baisser le prix de nos matières premières.

Maintenons les prix de nos produits en raison de notre moins de production et de nos charges.

Limitons nos crédits envers notre clientèle dans le terme régulier de la Banque de France.

Compensons l'escompte pour le comptant en raison du terme de crédit le plus en usage.

Alors nous pourrons résister à la crise qui pèse en ce moment sur nos destinées; alors nous maintiendrons nos fortunes et nos positions, en attendant que la Providence nous envoie des jours plus heureux et un meilleur avenir.

Mais toi, Concurrence, toi, reine plus souveraine que tous les tyrans de la terre dont le pouvoir absolu s'étend sur le monde entier. Ah! quiconque osera jamais attenter à ta puissance, à ta liberté, succombera toujours contre ta souveraineté indestructible. Que peuvent en effet contre toi la volonté et l'injustice des hommes? Rien. Car tu n'es qu'une ombre qui échappe à tous les regards comme aux esprits les plus forts. Mais si les hommes ne peuvent rien contre toi, ne peux-tu donc rien pour eux, et ne peux-tu régner avec plus de vérité, avec plus de justice, avec plus d'équité?

Oui, nous respecterons ta liberté, ô Concurrence! toi qui nous donnes l'activité, l'ordre et l'émulation; mais cesse d'être pour nous une source d'erreurs, d'ambition, d'égoïsme, d'envie, de haine et d'iniquité : alors nous ne méconnaîtrons plus tes bienfaits, et tu ne seras plus pour nous un monstre qu'il faut étouffer dans la crainte qu'il nous dévore.